SIMON TRESS

LANDKÜCHE

FÜR MEINEN VATER JOHANNES

Oertel+Spörer

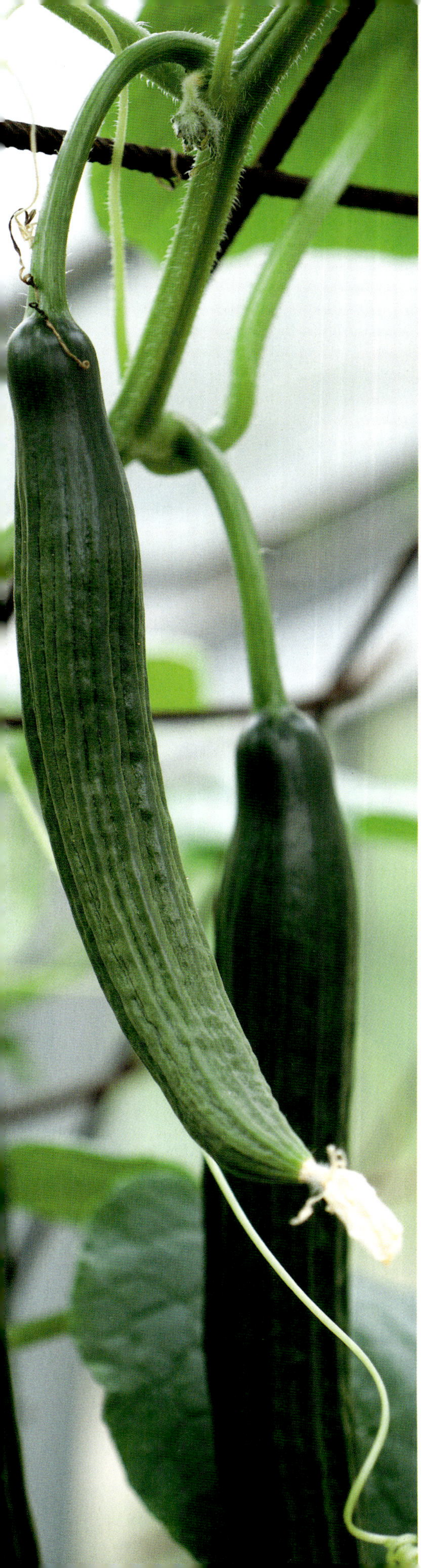
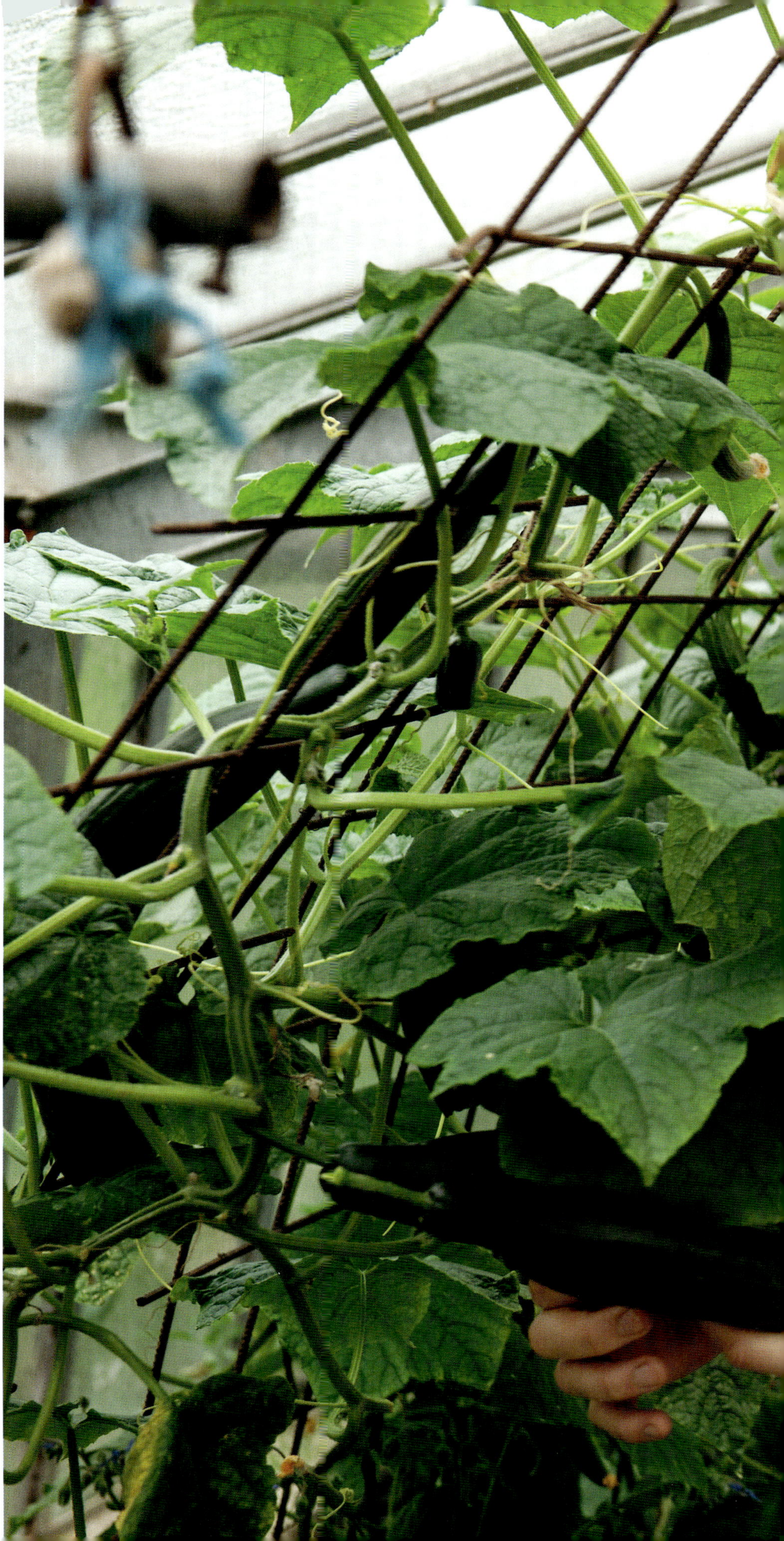

IMPRESSUM

Alle in diesem Buch enthaltenen Angaben und Rezepte wurden von Simon Tress und vom Verlag nach bestem Wissen und mit größter Sorgfalt geprüft. Dennoch sind inhaltliche Fehler nicht vollkommen auszuschließen. Eine Haftung des Autors bzw. des Verlags und seiner Beauftragten für Personen-, Sach- und Vermögensschäden ist ausgeschlossen.

© Oertel+Spörer Verlags-GmbH + Co. KG · 2012
Postfach 16 42 · 72706 Reutlingen
Alle Rechte vorbehalten.

Fotografie: Achim Käflein, Freiburg
Layout und Satz: Bettina Mehmedbegović
Druck und Einband: Longo AG, I-Bozen
Printed in Italy.
ISBN 978-3-88627-975-3

Besuchen Sie unsere Homepage und informieren Sie sich über unser vielfältiges Verlagsprogramm.

INHALT

LIEBE LESER,

es freut mich sehr, dass Sie mein Kochbuch LANDKÜCHE in Ihren Händen halten.

Dieses Buch gibt Gedanken von mir wieder, mit denen ich mich schon seit meinem ersten Kochbuch vor zwei Jahren auseinandersetze. Was ist, wenn jemand zur Forelle mit Blattspinat und Olivengnocchi keinen Blattspinat mag? Wie schaffen Sie es, am gemeinsamen Küchentisch den Geschmack von jung bis alt kulinarisch am besten zu treffen? Auf den folgenden Seiten stelle ich Ihnen ein Hauptprodukt sowie eine Auswahl von passenden Nebenprodukten vor. Ich möchte Ihnen damit den Druck von einem klassischen Gericht nehmen. Kochen und kombinieren Sie nach Ihrem Geschmack, so wie es Ihnen Freude macht.

Auf den letzten Seiten habe ich Ihnen noch meine persönlichen Kombinations-Empfehlungen zu „Vorspeisen und Suppen", „Hauptgerichten mit Beilagen, Gemüse und Saucen" und zu „Süßem und Salzigem" aufgeschrieben.

Viel Spaß beim Kochen wünscht Ihnen,

Simon Tress und Landküche - Wie haben sich die beiden gefunden?

Wir haben uns nicht gefunden, sondern wir gehören schon lange zusammen. In unserem Bio-Restaurant in Ehestetten wird schon in der dritten Generation die Landküche innovativ interpretiert. Dabei sind ehrliche Produkte und authentische Kompositionen wichtig. Alles, was aufs Land gehört - dafür stehe ich.

Die Landküche von Simon Tress - Was darf man sich darunter vorstellen?

Ich möchte mit meiner Landküche das einfache und freie Kochen wiedergeben. Dadurch, dass wir jedes Produkt einzeln vorstellen, können unsere Kochbuchleser die jeweils gewünschten Hauptprodukte und die möglichen Zutaten und Beilagen selber zusammenstellen. Niemand muss sich an Rezept-Vorgaben halten. Frei kochen ist das Motto! Auf den letzten Seiten gibt es zusätzlich ein Übersichtstableau, in dem ich die am besten passendsten Kombinationsmöglichkeiten empfehle.

Die klassische Landküche ist ja bekannt für Portionen, die etwas größer und üppiger sind. Wie lösen Sie das in Ihrem Buch?

Auch in meinem Buch wird nicht an der Portionsgröße gespart, obwohl es auf den Fotos nicht immer so aussieht. **Wir haben alle Speisen für 4 Portionen berechnet,** bis auf die Kuchen, unser Bauernbrot, die Marmeladen und Aufstriche, sowie das Gebäck. Hier reicht es für die ganze Familie.

Sie sind ein Demeter-Betrieb seit 1950. Ein mittelständiges Unternehmen, das seinen Schwerpunkt auf biologische und regionale Produkte legt. Erzählen Sie uns mehr darüber.

Mein Großvater Johannes Tress sen. kam 1950 aus der Kriegsgefangenschaft in Frankreich zurück und beschäftigte sich bereits zu dieser Zeit mit dem biologisch-dynamischen Gedanken. Er setzte seine Gedanken in die Tat um. Sie können sich ja vorstellen, wie er damals im Dorf belächelt worden ist. Später stiegen dann meine Eltern in den Gast- und Bauernhof mit ein. Meine Mutter als Gesundheitsberaterin nach Dr. Bruker, die damals schon vegetarische Reisküchle, Cordon Bleu und Dinkelspätzle zum Sauerbraten gemacht hat, und mein Vater Johannes, der neben unserer Landwirtschaft im Gasthof die Gäste bewirtet hat, verbannte damals schon die klassischen Softdrinks wie Coca Cola und Fanta von unserer Speisekarte. Auch sie schwammen somit, wie schon mein Großvater, gegen den Strom und waren Pioniere ihrer Zeit. Der

Gasthofbetrieb wuchs, es kam unser Biohotel hinzu. Das erste Biohotel in Baden Württemberg. Nach dem Tod unseres Vaters, der damals schon den Gedanken der Direktvermarktung von Gemüse und Fleisch verfolgt hat, um gute Qualität an die Menschen zu bringen, war für uns vier Söhne und unsere Mutter klar, dass wir diesen Weg weitergehen möchten. 2009 entstand auf unserem Hof die Rose Biomanufaktur, um für den Biofachhandel und entsprechend unserem Slow Food Anspruch hochwertige Demeter-Produkte herstellen zu können.

Inwieweit findet sich Ihre Herkunft, Verwurzelung in der schwäbischen Heimat - auf der Alb in Ihrer Landküche wieder?
Oft, aber nicht zu oft, bin ich sehr stolz auf meine Region, auf die Menschen, die hier vieles bewegen und bewegt haben. Jedoch möchte ich meine Landküche gerne für alle Hobbyköche in ganz Deutschland aufmachen. Jede Region hat ihre Schätze, auf die sie stolz sein kann - ob nun die Müritz ihr Lamm oder der Schwarzwald seinen Ziegenkäse oder die Alb ihre Alblinsen. Kochen Sie mit den Produkten, auf die Sie Lust haben und stolz sind.

Was glauben Sie ist der Grund, dass das Thema Landküche am Markt so gefragt ist?
Ich denke, wir sehnen uns alle nach den guten alten Lieblingsspeisen, die es schon bei Großmutter und Mutter am Küchentisch gab. Einfach und lecker, aber auch offen, um das Alte neu zu interpretieren.

Woher holen Sie sich die Inspirationen zu diesem Thema?
Dadurch, dass wir auf unserer schönen Schwäbischen Alb so viele Schätze haben, kann ich mich hier jeden Tag aufs Neue inspirieren lassen. Ich gehe gerne und oft Joggen, um Körper und Geist im Gleichgewicht zu halten. Die frische und unberührte Natur um Ehestetten gibt mir sehr viel Kraft und schenkt mir viele neue Ideen.

Was ist Ihr Lieblingsgericht?
Da haben Sie mir aber eine sehr schwere Frage gestellt. Für einen Koch ist das nicht einfach zu beantworten. Allerdings gibt es drei Frauen, die mir diese Frage wieder einfach machen: Meine Oma Josefine macht einen sensationellen Kartoffelsalat, meine Oma Elisabeth den weltbesten Wurstsalat und meine Mama Inge die besten Salate.

Simon Tress, im August 2012

BALSAMICODRESSING

ZUTATEN

15 EL Balsamico-Essig
50 g Senf
3 EL Honig
$\frac{1}{4}$ l Olivenöl
Salz, Pfeffer

ZUBEREITUNG

Den Balsamico-Essig, Senf und Honig mixen und nach und nach das Olivenöl hinzugeben. Mit Salz und Pfeffer abschmecken.

MANDELDRESSING

ZUTATEN

50 g ganze, geschälte Mandeln
2 EL Senf
50 ml Weißweinessig
2 EL Honig
300 ml Sonnenblumenöl
Salz, Pfeffer

ZUBEREITUNG

Mandeln, Senf, Honig und Essig gut durchmixen. Das Öl unter ständigem Rühren hinzugeben. Je nach Belieben mit Salz und Pfeffer abschmecken.

JOGHURTDRESSING

ZUTATEN

300 g Joghurt
5 EL Speisequark
5 EL Apfelessig
150 ml Sonnenblumenöl
$\frac{1}{2}$ Bund glatte Petersilie
Rohrzucker
Salz, Pfeffer

ZUBEREITUNG

Joghurt, Quark und Apfelessig mixen. Anschließend das Öl vorsichtig unter-rühren. Die Petersilie hacken, unter-mischen und kurz mixen. Je nach Geschmack mit Rohrzucker, Salz und Pfeffer abschmecken.

VITALER ROHKOSTSALAT

ZUTATEN

3 Karotten
1 Pastinake
$^1/_2$ Stange Lauch
1 Apfel
8 EL Sonnenblumenkerne
3 EL Sonnenblumenöl

ZUBEREITUNG

Gemüse und Apfel sehr fein raspeln. Die
Sonnenblumenkerne im Öl anrösten und alles
gut miteinander vermengen.

APFEL-INGWER-CHUTNEY

ZUTATEN

$1/4$ Ingwerknolle
200 g Äpfel
3 EL Rohrzucker
$1/4$ l Apfelsaft
Salz, Pfeffer

ZUBEREITUNG

Ingwer mit dem Messer schälen und auf einer Küchenreibe fein reiben. Die Äpfel mit der Schale auf einer gröberen Reibe zu Streifen reiben. Den Zucker in einem Topf karamellisieren, geriebenen Apfel und Ingwer dazugeben, mit dem Apfelsaft ablöschen und einkochen lassen. Je nach Geschmack mit Salz und Pfeffer abschmecken.

BROT-OLIVEN-TOMATENSALAT

ZUTATEN

1 Dinkelbrötchen
3 Cocktailtomaten
50 g grüne Oliven ohne Stein
5 EL Weißweinessig
8 EL Sonnenblumenöl
Salz, Pfeffer
Rohrzucker
5 Basilikumblätter

ZUBEREITUNG

Tomaten und Oliven halbieren und in eine Schüssel geben. Weißweinessig und Sonnenblumenöl hinzugeben. Das Brötchen in Würfel, die Basilikumblätter in feine Streifen schneiden. Beides in die Schüssel zu den Tomaten und Oliven geben, vorsichtig untermischen und mit Salz, Pfeffer und Zucker abschmecken.

TOMATEN-SALBEI-LAUCHRAGOUT

ZUTATEN

$1/2$ Stange Lauch
6 Cocktailtomaten
50 g Butter
5 EL dunkler Balsamico
8 Salbeiblättchen
Salz, Pfeffer

ZUBEREITUNG

Den Lauch waschen, der Länge nach halbieren und in Streifen schneiden. Tomaten halbieren. In einem Topf die Butter erhitzen und den Lauch und die Tomaten leicht anschwitzen. Den Balsamico dazugießen und alles zusammen etwa 5 Minuten schmoren lassen. Salbeiblättchen in Streifen schneiden und untermengen. Mit Salz und Pfeffer abschmecken.

KARAMELLISIERTER KRÄUTER-ZIEGENKÄSE

ZUTATEN

600 g Ziegenfrischkäse
75 g Kräuter der Saison, je nach Geschmack
Salz, Pfeffer
50 g Honig

ZUBEREITUNG

Die Kräuter fein hacken, mit dem Ziegenfrischkäse vermischen und mit Salz und
Pfeffer abschmecken. Den Kräuter-Ziegenkäse in eine Ringform füllen, fest drücken und
für etwa eine $1/2$ Stunde in den Kühlschrank
stellen. In einer Pfanne den Honig bei geringer Hitze kurz köcheln lassen, bis er eine
hellbraune Farbe hat. Den Frischkäse aus der
Ringform stürzen und für wenige Sekunden
ebenfalls in die Pfanne geben und auch karamellisieren. Anschließend portionsweise auf
einen Teller setzen und etwas Honig darübergießen.

KARTOFFELSALAT MIT PFIFFERLINGEN, RADIESCHEN UND ZWIEBELN

ZUTATEN

400 g Kartoffeln
90 g Pfifferlinge
5 Radieschen
$^1/_2$ Zwiebel
30 g Butter
2 EL Petersilie
4 EL Olivenöl
$1^1/_2$ EL Weißwein-Essig
Rohrzucker, Salz, Pfeffer

ZUBEREITUNG

Kartoffeln waschen und mit der Schale in Salzwasser weich kochen. Abgießen, auskühlen lassen, schälen und in Scheiben schneiden. Die Radieschen schneiden, die Petersilie fein hacken. Zwiebel in Würfel schneiden, Pfifferlinge waschen. Butter in Pfanne erhitzen und Zwiebel und Pfifferlinge darin anschwitzen. Petersilie und Radieschen hinzugeben und kurz schwenken. Kartoffeln, Zwiebeln, Pfifferlinge und Radieschen in eine Schüssel geben, Essig und Öl hinzugeben und alles vermengen. Mit Salz, Pfeffer und Rohrzucker abschmecken.

KARTOFFELSALAT MIT LYONER, ESSIGGURKEN UND MAYONNAISE

ZUTATEN

400 g Kartoffeln
3 Essiggurken
$^1/_4$ Zwiebel
100 ml Essiggurkensaft
200 g Mayonnaise
200 g Jagdwurst oder Lyoner
$^1/_2$ Apfel
Salz, Pfeffer

ZUBEREITUNG

Die Kartoffeln schälen, in Scheiben schneiden und in Salzwasser etwa 5 Minuten garen. Abgießen und mit kaltem Wasser abschrecken. Die Essiggurken in Scheiben, die Zwiebel und den Apfel in Streifen und die Wurst in Würfel schneiden. In einer Schüssel Kartoffeln, Wurst, Zwiebel, Apfel, Mayonnaise und den Saft der Essiggurken vermengen und mit Salz und Pfeffer abschmecken.

PELLKARTOFFELN MIT KRÄUTERQUARK

ZUTATEN

400 g Kartoffeln
200 g Quark
60 g Sauerrahm
3 EL Milch
$\frac{1}{2}$ EL Weißweinessig
Petersilie, Schnittlauch
Dill, Salbei, Basilikum
Saft von einer $\frac{1}{2}$ Zitrone
Salz, Pfeffer

ZUBEREITUNG

Die Kartoffeln sauber abwaschen und mit der Schale in Salzwasser etwa 20 Minuten gar kochen. Petersilie, Schnittlauch, Dill, Salbei und Basilikum fein hacken. In einer Schüssel den Quark, Sauerrahm, Milch und Weißweinessig gut verrühren. Die gehackten Kräuter unterheben. Mit Salz, Pfeffer und dem Zitronensaft abschmecken. Die Kartoffeln länglich halbieren und mit dem Kräuterquark garnieren.

JOSEFINES KARTOFFELSALAT

ZUTATEN

500 g Kartoffeln
3 EL Weißweinessig
100 ml Gemüsebrühe (S. 89) /
Fleischbrühe (S. 31)
Salz, Pfeffer

ZUBEREITUNG

Die Kartoffeln mit der Schale etwa 20 Minuten weich kochen, abgießen, kurz abkühlen lassen und noch lauwarm schälen. Die Gemüsebrühe erhitzen. Die Kartoffeln mit einer Reibe fein in eine Schüssel reiben. Den Weißweinessig hinzugeben und etwa 5 Minuten ziehen lassen, anschließend gut vermengen. Die heiße Brühe darübergießen und weitere 5 Minuten ziehen lassen, dann nochmals gut vermengen und mit Salz und Pfeffer abschmecken.

LAUCH-QUARK

ZUTATEN

¹/₂ Stange Lauch
50 g Speck
2 TL Butter
200 g Quark
100 ml Milch
1 EL Joghurt
Salz, Pfeffer

ZUBEREITUNG

Den Lauch waschen, länglich halbieren und in feine Streifen schneiden. Den Speck in Würfel schneiden. In einem Topf Butter erhitzen, darin Speck und Lauch anbraten und dann in eine Schüssel geben. Quark, Milch, Joghurt unterheben, alles gut verrühren und mit Salz und Pfeffer abschmecken.

GEWÜRZ-QUARK

ZUTATEN

¹/₄ Knoblauchzehe
2 TL Butter
1 TL Kurkuma
1 TL Paprikapulver
1 TL Curry mild
1 TL Garam Masala
150 g Quark
150 g Joghurt
9 EL Milch
1 TL Sonenblumenöl
Salz, Pfeffer

ZUBEREITUNG

Den Knoblauch sehr fein hacken - am besten mit etwas Salz und einer Messerseite fein mörsern. Butter erwärmen und die Gewürze und den Knoblauch dazugeben und leicht köcheln lassen. Mit der Milch ablöschen und in eine Schüssel füllen. Quark, Joghurt und Sonnenblumenöl untermischen und gut verrühren. Mit Salz und Pfeffer abschmecken.

APFEL-QUARK

ZUTATEN

2 mittelgroße Äpfel
2 EL Joghurt
200 g Quark
9 EL Milch
4 EL Honig
Salz, Pfeffer
¹/₂ Zitrone

ZUBEREITUNG

Die Äpfel in feine Würfel schneiden. Joghurt, Quark, Milch und Honig in einer Schüssel mit den Äpfeln gut vermischen. Die Schale der halben Zitrone fein abreiben und mit dem Saft in die Apfel-Masse geben. Je nach Belieben mit Salz und Pfeffer abschmecken.

HOKKAIDO-KÜRBIS QUICHE

ZUTATEN

Für den Teig:
200 g Mehl
100 g Butter
10 EL Wasser
1 TL Salz
Mehl zum Ausrollen
Butter zum Einfetten der Quicheform

Für den Belag:
500 g Hokkaido-Kürbis
300 g Zwiebeln
50 ml Sonnenblumenöl
Salz, Pfeffer
Muskat, Paprikapulver
4 Eier
200 g Sauerrahm

ZUBEREITUNG

Die weiche Butter, Mehl, Wasser und Salz zu einem Teig verkneten. Die Quicheform mit Butter einstreichen. Den Teig so dünn als möglich ausrollen, dabei den Teig immer wieder mit Mehl bestäuben, damit er nicht zu sehr am Wellholz kleben bleibt. Den ausgerollten Teig in die Form legen.

Den Kürbis in Würfel schneiden. Die Zwiebel schälen und in feine Streifen schneiden. Im heißen Sonnenblumenöl Kürbis und Zwiebel anbraten und zugedeckt schmoren lassen, bis der Kürbis weich ist. Mit Salz, Pfeffer, Muskat und Paprikapulver gut würzen. Sauerrahm und Eier kurz mixen. Die Kürbis-Zwiebelmasse in die Quicheform geben und schön gleichmäßig verteilen. Zum Schluss die Ei-Sauerrahmmasse auf dem Teig verteilen und im Backofen bei 160 °C etwa 30 Minuten backen.

GURKEN-BUTTERMILCHTÖRTCHEN

ZUTATEN

5 Blatt Gelatine
250 ml Buttermilch
250 ml Sahne
Salz, Pfeffer
Honig
$\frac{1}{2}$ Salatgurke

ZUBEREITUNG

Die Gelatine in Wasser einweichen und die Sahne schaumig schlagen. Die Buttermilch auf niederer Hitze leicht erwärmen, sodass sie etwas mehr als Zimmertemperatur hat, und mit Salz, Pfeffer und Honig fein abschmecken. Anschließend die Gelatine ausdrücken, in die warme Buttermilch geben und mit einem Schneebesen rühren, bis sich die Gelatine aufgelöst hat. Zum Kühlen in den Kühlschrank stellen. In die mäßig warme bis kalte Buttermilch vorsichtig die schaumig geschlagene Sahne unterheben.

Die Gurke sehr dünn aufschneiden und in einer runden Ausstechform zu einem Mantel schichten. Die Buttermilchmousse in den Ring mit dem Gurkenmantel füllen und für eine Stunde kühl stellen. Ist das Törtchen gut gekühlt, die Ausstechform vorsichtig abziehen und das Törtchen servieren.

GEBACKENER BÜFFELMOZZARELLA AUF TOMATENKOMPOTT

ZUTATEN

300 g Tomaten
40 g Butter
Salz, Pfeffer
1 Scheibe Toastbrot
1 Büffelmozzarella
$\frac{1}{4}$ Bund Petersilie
1 Ei
50 g Mehl
Öl zum Braten

ZUBEREITUNG

Tomaten in grobe Stücke schneiden und mit der Butter in einem Topf schmoren lassen, bis die Flüssigkeit leicht verkocht ist. Mit Salz und Pfeffer abschmecken. Toastbrot würfeln und zusammen mit der Petersilie fein mixen. Das Ei mit einer Gabel verquirlen. Den Mozzarella vierteln und mit Salz und Pfeffer würzen. Danach zuerst in Mehl, anschließend im verquirlten Ei wenden und zum Schluss durch die Kräuterpanade ziehen. In einer Pfanne etwas Öl erhitzen und den panierten Mozzarella kurz von beiden Seiten anbraten. Den gebackenen Mozzarella dann auf das Tomatenkompott setzen.

KALTE TOMATENSUPPE

ZUTATEN

150 g Gurken
200 g rote Paprika
300 g Tomaten
$1/4$ Zwiebel
4 EL Olivenöl
1 EL Weißweinessig
2 EL Mineralwasser
$1/2$ TL Rohrzucker
$1/4$ Knoblauchzehe
Pfeffer, Salz

ZUBEREITUNG

Das Gemüse in grobe Stücke schneiden und in ein hohes Gefäß füllen. Weißweinessig, Olivenöl, Rohrzucker, Knoblauch und Mineralwasser hinzugeben. Alles fein mixen und mit Salz und Pfeffer würzen. Anschließend etwa 1 Stunde kühl stellen. Kurz vor dem Servieren mit dem Schneebesen nochmals umrühren.

RÄUCHERTOFU-BIRNEN-ROSMARIN-SPIESS

ZUTATEN

1 mittelgroße Birne
250 g Räuchertofu
4 Rosmarinzweige
Salz, Pfeffer
40 g Butter

ZUBEREITUNG

Die Birnen schälen, Kerngehäuse entfernen und - wie den Tofu - in gleichmäßige Würfel schneiden. Die Rosmarinnadeln abzupfen, fein hacken und in einer Pfanne mit Butter anrösten. Birnen- und Tofuwürfel hinzugeben und beides schön anbraten. Mit Salz und Pfeffer abschmecken und abwechselnd auf den Rosmarinzweig aufspießen.

BASILIKUM-TOMATEN-MOZZARELLA-SPIESS

ZUTATEN

1 Mozzarellakugel
Basilikumblättchen
4 Cocktailtomaten

Marinade:
75 ml dunkler Balsamico-Essig
1 EL Honig
Salz, Pfeffer

ZUBEREITUNG

Die Tomaten halbieren und mit dem dunklen Balsamico, Honig, Salz und Pfeffer einen halben Tag marinieren. Den Mozzarella in gleichmäßige Würfel schneiden. Auf einen Spieß abwechselnd Mozzarella, Tomate und Basilikumblatt aufspießen.

PUTEN-ANANAS-INGWER-SPIESS

ZUTATEN

500 g Putenbrust
10 g Ingwer
200 g Ananas
2 EL Honig
2 EL Butter
1 Msp. Kurkuma
200 g Apfelsaft
Salz, Pfeffer
Öl zum Braten

ZUBEREITUNG

Die Putenbrust in Würfel schneiden und mit Salz und Pfeffer würzen. Öl in einer Pfanne erhitzen und die Putenbrust von allen Seiten langsam anbraten. Den Ingwer mit dem Messer abreiben und anschließend in dünne Streifen schneiden. Die Ananas in gleichmäßige Würfel schneiden. Butter zusammen mit KurKuma in einem Topf erwärmen. Ananas und Ingwer hinzugeben und mit anbraten. Mit Apfelsaft ablöschen und einkochen lassen. Ist der Apfelsaft eingekocht, mit Salz und Pfeffer leicht würzen. Auf einen Spieß abwechselnd Pute und Ananas aufspießen.

SOMMERGARTENSUPPE

ZUTATEN

$^1/_2$ Bund Schnittlauch
$^1/_2$ Bund Petersilie
5 Rosmarinzweige
5 Thymianzweige
10 Oreganozweige
70 g Butter
40 g Mehl
300 ml Sahne
300 ml Milch
Salz, Pfeffer

ZUBEREITUNG

Die Kräuter fein hacken. Butter in einem Topf schmelzen lassen, das Mehl einrühren und leicht anschwitzen. Anschließend mit Milch und Sahne unter ständigem Rühren ablöschen. Die gehackten Kräuter untermischen und alles nochmals fein mixen. Mit Salz und Pfeffer abschmecken.

BACKERBSEN

ZUTATEN

100 g Mehl
1 Ei
6 EL Milch
$\frac{1}{2}$ l Öl zum Ausbacken

ZUBEREITUNG

Mehl, Ei und Milch zu einem festen Teig verrühren und mit der Spätzlepresse in das heiße Fett geben. Wenn die Backerbsen goldbraun sind, aus dem Fett nehmen und auf einem Papiertuch abtropfen lassen.

BRÄTKNÖDEL

ZUTATEN

125 g Brät
1 Ei
1 EL Semmelbrösel

ZUBEREITUNG

Brät mit dem Ei und den Semmelbröseln zu einem Teig verrühren. Mit einem Esslöffel die Knödel formen und in heißem leicht gesalzenem Wasser 8 - 10 Minuten ziehen lassen.

GRIESSKNÖDEL

ZUTATEN

4 EL Butter
1 Ei
50 g Quark
80 g Grieß
Salz

ZUBEREITUNG

Die Butter schaumig rühren. Das Ei unterschlagen, Quark und Grieß untermischen. Mit zwei Teelöffeln kleine Knödel formen und in heißem leicht gesalzenem Wasser 5 Minuten ziehen lassen.

LEBERKLÖSSCHEN

ZUTATEN

150 g gehackte Rinder- oder Schweineleber
1 Ei
6 EL Semmelbrösel

ZUBEREITUNG

Die Leber mit dem Ei und den Semmelbröseln gut verrühren. Mit Hilfe eines Esslöffels Klößchen formen und in heißem leicht gesalzenem Wasser etwa 10 Minuten ziehen lassen.

SCHWÄBISCHE HOCHZEITSSUPPE

FLEISCHBRÜHE

ZUTATEN

1 l Brühe (Rezept Tafelspitz s. S. 51)
Sojasauce
Salz, Pfeffer

ZUBEREITUNG

Ein feines Tuch in ein Sieb legen. Die Brühe
erhitzen und durch das Sieb passieren.
Anschließend die Brühe mit Salz, Pfeffer und
etwas Sojasauce verfeinern.

ide
ngen
Richtlinien
gt und
ältig kontrolliert.
schutz für Boden
oggen

ALBLINSENSUPPE
MIT KRÄUTERCROUTONS

ZUTATEN

125 g Alblinsen
2 EL Butter
$^1/_4$ Zwiebel
3 EL Mehl
500 ml Milch
250 ml Wasser
75 ml dunkler Balsamico-Essig
Salz, Pfeffer

3 EL Butter
2 Scheiben Toastbrot
$^1/_2$ Bund glatte Petersilie
2 Rosmarinzweige
$^1/_2$ Knoblauchzehe
Salz, Pfeffer

ZUBEREITUNG

Zwiebel würfeln und in der Butter goldbraun
anbraten, Mehl einstreuen und unter ständigem Rühren anschwitzen. Mit Wasser
ablöschen und kurz aufkochen lassen. Milch
und Linsen hinzugeben und etwa 15 Minuten
köcheln lassen, bis die Linsen weich sind.
Balsamico-Essig einrühren und alles mixen.
Mit Salz und Pfeffer abschmecken.

Für die Brotwürfel Petersilie, Rosmarin und
Knoblauch fein hacken, Toastbrot in Würfel
schneiden. Butter und Kräuter mit Knoblauch
in einer Pfanne anschwitzen, Toastbrot hinzugeben und goldbraun anrösten.

ZIEGENKÄSE MIT IN KRÄUTER-OLIVENÖL GEGARTEM GEMÜSE

ZUTATEN

200 g Ziegenfrischkäse
$1/2$ Zucchino
$1/2$ rote Paprika
$1/2$ Aubergine
$1/2$ gelbe Paprika
2 Champignons
Olivenöl
Salz, Pfeffer
2 Thymianzweige
2 Rosmarinzweige
1 Knoblauchzehe

ZUBEREITUNG

Den Ziegenkäse in die gewünschte Form pressen. Zucchino, Paprika und Aubergine in gleichmäßige Stücke schneiden. Die Champignons vierteln. Kräuter und Knoblauch im heißen Öl anschwitzen, das Gemüse hinzugeben und anbraten. Backofen auf 90 °C vorheizen. Gebratenes Gemüse in eine ofenfeste Form füllen, etwas Olivenöl darüberträufeln und
15 Minuten garen lassen. Mit Salz und Pfeffer verfeinern und den Ziegenkäse damit garnieren.

CANNELLONI VOM RINDERRÜCKEN

ZUTATEN

200 g Rinderrücken
100 g Pilze (am besten Austernpilze und Champignons)
2 EL Butter
$1/4$ Bund Petersilie
2 EL dunkler Balsamico-Essig
Salz, Pfeffer
Öl zum Braten

ZUBEREITUNG

Den Backofen auf 160 °C vorheizen. Den Rinderrücken mit Salz und Pfeffer gut würzen. In einer Pfanne Öl erhitzen und das Fleisch von allen Seiten kurz anbraten, auf ein Gitter legen und im Backofen etwa 12 Minuten garen. Danach den Rinderrücken in Klarsichtfolie einpacken und im Kühlschrank kurz abkühlen lassen.
Die Pilze klein schneiden, in einer Pfanne Butter erwärmen und die Pilze darin anschwitzen. Die Petersilie fein hacken und in die Pilzmasse geben. Alles gut anbraten und mit dem Balsamico-Essig ablöschen. Den Essig köcheln lassen, bis die Pilze leicht süß schmecken. Zum Schluss mit Salz und Pfeffer abschmecken.
Den Rinderrücken in dünne Scheiben schneiden, auslegen und die Pilze darauf verteilen. Die Scheiben zu Cannellonis aufrollen.

KARTOFFEL-MAJORAN-SUPPE

ZUTATEN

500 g Kartoffeln
750 ml Milch
$\frac{1}{4}$ l Sahne
4 EL Butter
Salz, Pfeffer
Weißweinessig
Majoran

ZUBEREITUNG

Die Kartoffeln schälen und in kleine Stücke schneiden. Die Milch in einen Topf geben und zusammen mit den Kartoffeln köcheln lassen, bis die Kartoffeln weich sind. Dann alles fein pürieren, Sahne und Butter hinzugeben und mit Salz, Pfeffer und einem Schuss Weißweinessig abschmecken. Je nach Belieben kurz vor dem Servieren mit Majoran würzen.

FORELLENTATAR MIT SAUERRAHMDIP

ZUTATEN

200 g geräucherte Forellenfilets
$\frac{1}{4}$ mittelgroße Zwiebel
2 Dillzweige
1 EL Weißweinessig
Salz, Pfeffer
3 EL Sauerrahm
2 EL Quark

ZUBEREITUNG

Die Forellenfilets und den Dill fein hacken. Die Zwiebel schälen und in feine Würfel schneiden. Alles in eine Schüssel geben und mit Salz, Pfeffer und Weißweinessig abschmecken. Sauerrahm und Quark in einer anderen Schüssel vermengen und ebenfalls mit Salz und Pfeffer abschmecken. Den Forellentatar auf die Teller verteilen und jeweils mit einem Klecks Sauerrahm-Quark garnieren.

BOHNEN-PAPRIKAGEMÜSE

ZUTATEN

150 g Bohnen
1 gelbe Paprika
1 rote Paprika
Bohnenkraut
Salz, Pfeffer
$1/2$ Zwiebel
$1/2$ Rosmarinzweig
$1/2$ Thymianzweig
Butter zum Glasieren

ZUBEREITUNG

Die Bohnen putzen, waschen und im Salzwasser kochen bis sie weich sind. In kaltem Wasser abschrecken und in gleichmäßige Stücke schneiden. Die Zwiebel in kleine Würfel schneiden, Bohnenkraut, Thymian und Rosmarin fein hacken, und die gelbe und rote Paprika in gleichmäßige kleine Würfel schneiden.
Butter und Kräuter zusammen in einer Pfanne erhitzen, Zwiebel und Paprika darin anschwitzen. Die Bohnen hinzugeben, gut schwenken und mit Salz und Pfeffer abschmecken.

ROTE ZWIEBELMARMELADE

ZUTATEN

2 große Zwiebeln
50 g Butter
Salz, Pfeffer
100 g Marmelade (z. B. Sauerkirsch, Pflaumen, Brombeere)
1 Lavendelzweig

ZUBEREITUNG

Die Zwiebeln schälen, vierteln, in Streifen schneiden und zusammen mit der Butter und Marmelade in einem Topf schmoren lassen. Den Lavendel abzupfen und hinzugeben. Sobald die Zwiebeln weich sind, mit Salz und Pfeffer abschmecken.

CURRY-FENCHEL

ZUTATEN

2 Fenchelknollen
$1/4$ l Orangensaft
1 TL Curry
2 EL Butter
Salz, Pfeffer, Ahornsirup

ZUBEREITUNG

Den Fenchel vierteln und in Streifen schneiden. In einem Topf Butter zusammen mit dem Curry erhitzen, den Fenchel dazugeben, mit Orangensaft ablöschen und langsam köcheln lassen, bis der Fenchel weich ist. Anschließend mit Ahornsirup, Salz und Pfeffer abschmecken.

FILET VOM RIND
IM STALLHEU GEGART

ZUTATEN

4x 150 g Rinderfilet
eine Handvoll Heu
4 Rosmarinzweige
4 Salbeizweige
4 Estragonzweige
1 Knoblauchzehe
4 Wacholderbeeren
Pfeffer, Salz,
Öl zum Braten

ZUBEREITUNG

Rinderfiletstücke mit Salz und Pfeffer gut
würzen und anschließend von beiden Seiten
kurz in einer Pfanne mit Öl scharf anbraten.
Die Knoblauchzehe in feine Streifen schnei-
den, den Rosmarin in vier Teile brechen, das
Heu mit warmem Wasser anfeuchten und mit
Rosmarin, Knoblauch, Wacholder, Salbei und
Estragon auf eine Alufolie geben.

Backofen auf 150 °C vorheizen. Filet auf das
Heu legen und die Alufolie so wickeln, dass
das „Päckchen" gut verschlossen ist. Das Filet
in der Alufolie etwa 20 Minuten im Ofen garen.
Herausnehmen und noch eingewickelt etwa
5 Minuten ruhen lassen. Dann erst das Fleisch
anschneiden.

MAULTASCHEN GESCHMÄLZT

ZUTATEN

Für die Füllung
75 g Bauchspeck
$1/4$ Zwiebel
zwei Handvoll frischen Spinat
1 Knoblauchzehe
Salz, Pfeffer
Öl zum Anbraten
250 g gemischtes Hackfleisch
8 EL Semmelbrösel
50 g Butter
$1/2$ Zwiebel
$1/2$ Bund glatte Petersilie
1 Ei

Für den Nudelteig
200 g Mehl
2 EL Milch
2 EL Öl
1 Ei
1 Eigelb
Eigelb zum Bekleben

ZUBEREITUNG

Mehl, Milch, Öl, Ei und Eigelb gut vermengen, in Folie einpacken und im Kühlschrank 30 Minuten kühlen.

Speck und Zwiebel in Würfel, Spinat in Streifen schneiden. Öl in eine Pfanne geben und darin Speck und Zwiebel anbraten. Spinat hinzugeben und schwenken. Knoblauch mit dem Messer zerdrücken und untermengen. Hackfleisch, Semmelbrösel, Ei und gebratenen Speck in eine Schüssel geben und gut vermengen. Mit Salz und Pfeffer abschmecken.

Den Nudelteig dünn ausrollen und mit einem Löffel die Masse auf eine Hälfte verteilen. Mit dem Eigelb den Teig bestreichen und zur anderen Seite umklappen. Gut andrücken und zwischen allen Maultaschen durchschneiden. Diese in kochendes Wasser geben und 5 Minuten ziehen lassen. Die Zwiebel in Würfel schneiden, Petersilie hacken und in einer Pfanne mit Butter andünsten. Maultaschen hinzugeben und einmal kurz schwenken.

ROSMARIN-DIP

ZUTATEN

3 Rosmarinzweige
2$\frac{1}{2}$ EL Butter
400 g Sauerrahm
Salz, Pfeffer

ZUBEREITUNG

Den Rosmarin zupfen, fein hacken und in einem Topf mit der Butter vorsichtig anrösten. Herausnehmen und mit dem Sauerrahm in einer Schüssel vermischen. Mit Salz und Pfeffer abschmecken.

CHILI-DIP

ZUTATEN

1 Knoblauchzehe
1 frische Chilischote
150 g Mayonnaise
250 g Ketchup
25 g Zwiebel
$\frac{1}{2}$ EL Butter
3 EL Essiggurkenwasser
1 Essiggurke
Rohrzucker
Pfeffer, Salz

ZUBEREITUNG

Knoblauch und Chilischote fein hacken und in Butter kurz schwenken. In einer Schüssel Mayonnaise, Ketchup, Zwiebel, Chilischote, Knoblauch, Essiggurkenwasser und Essiggurke fein mixen. Mit etwas Rohrzucker, Salz und Pfeffer je nach Geschmack würzen.

WACHOLDER-DIP

ZUTATEN

5 Wacholderbeeren
2 EL Butter
160 ml Milch
200 g Quark
Salz, Pfeffer

ZUBEREITUNG

In einem Topf die Wacholderbeeren mit der Butter leicht anrösten. Die Milch hinzugeben und alles fein mixen. Quark und Milch in einer Schüssel verrühren und mit Salz und Pfeffer abschmecken.

LAMMRÜCKEN IM BROTMANTEL

ZUTATEN

400 g Lammlachse
1 Stangenbrot
200 g Brät
Salz, Pfeffer

ZUBEREITUNG

Die Lammlachse mit Salz und Pfeffer gut
würzen. Das Stangenbrot der Länge nach mit
einem Brotmesser etwa 1 cm dünn aufschneiden und die Scheiben nebeneinander
legen. Das Brät gleichmäßig und dünn darauf
verteilen. Lammlachse auf die Brotscheiben
legen und diese einrollen. Backofen auf 150 °C
vorheizen. Die Lammlachse mit der Mantel-
öffnung nach unten auf ein Blech legen und
etwa 15 Minuten garen.

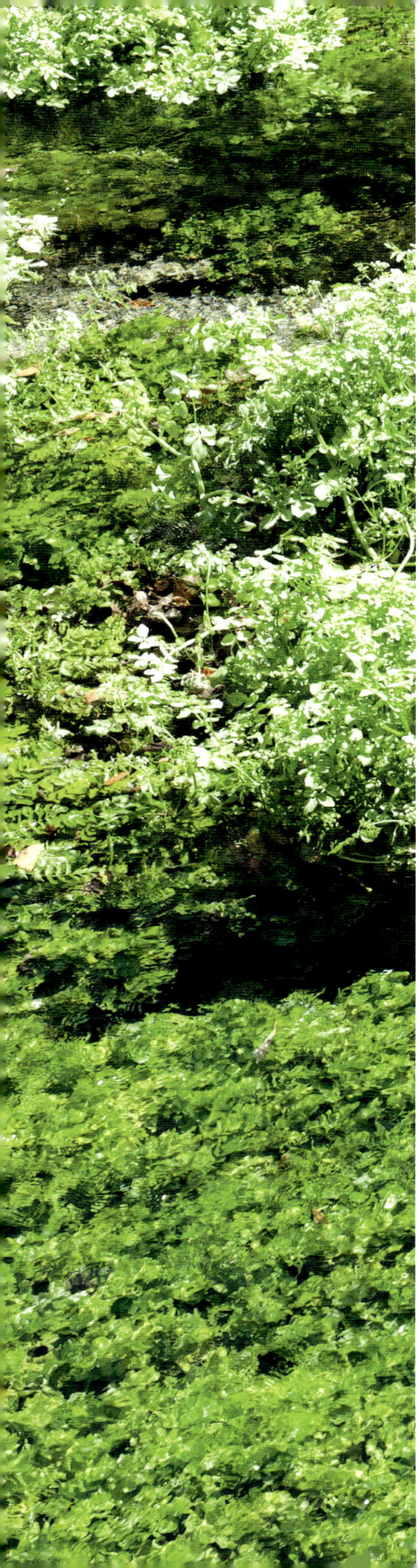
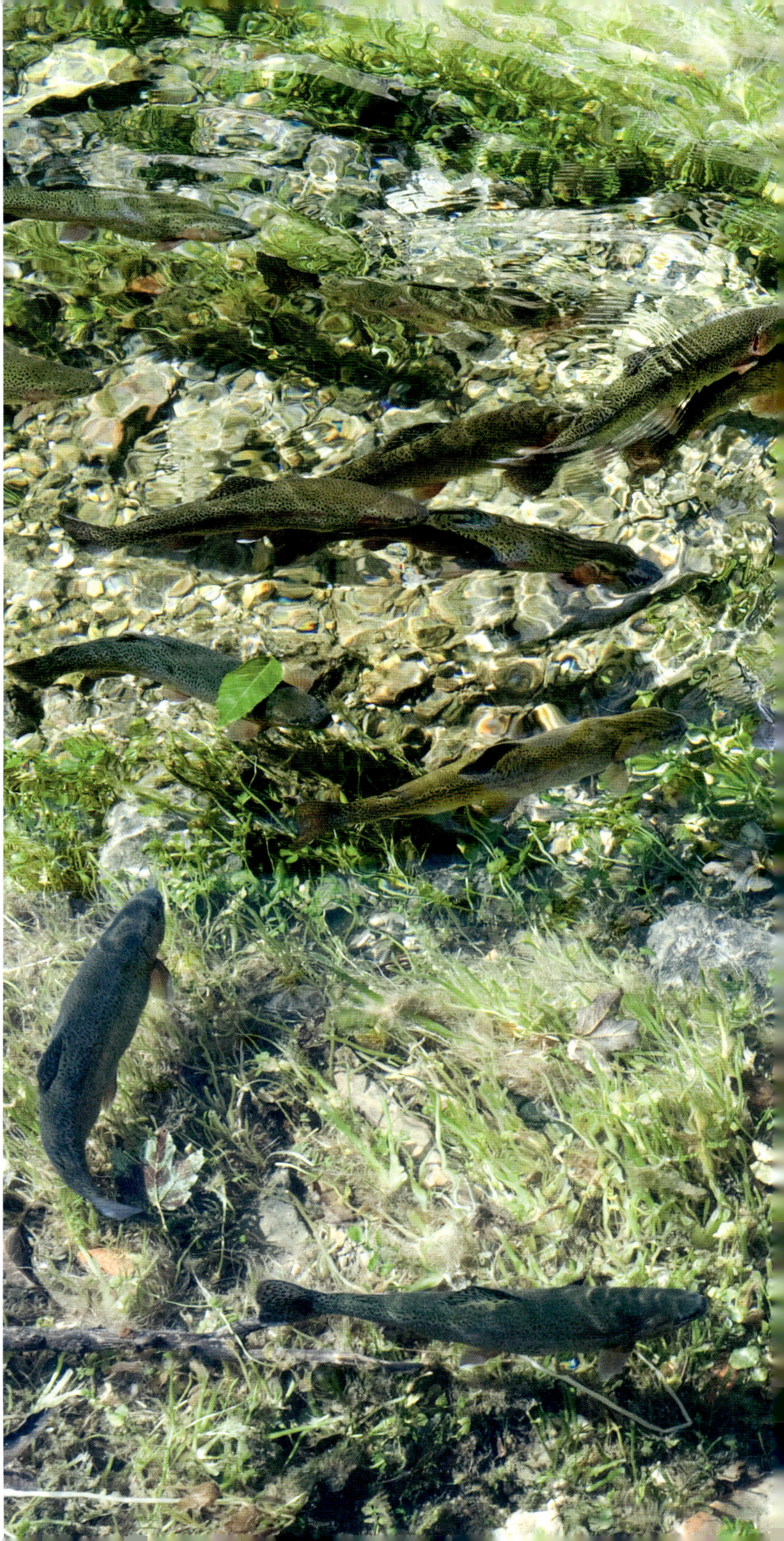

FORELLE MÜLLERIN

ZUTATEN

1 Forelle (ausgenommen)
3 EL Butter
4 EL Mandelblätter
Mehl
1 Knoblauchzehe
1 Rosmarinzweig
Salz, Pfeffer
2 EL Öl

ZUBEREITUNG

Forelle mit Salz und Pfeffer würzen und in
Mehl wenden. Knoblauch und Rosmarinzweig
in die Bauchhöhle legen und die Forelle von
beiden Seiten je 5 Minuten anbraten. Mandeln
in Butter anbräunen und die Forelle damit
garnieren.

PAPRIKA-KRESSESAUCE

ZUTATEN

150 g rote Paprika
1 1/2 EL Butter
2 EL Mehl

250 ml Milch
Salz, Pfeffer
Kresse

ZUBEREITUNG

Butter in einem Topf erwärmen, das Mehl mit dem Schneebesen hineinrühren. Mit der Milch ablöschen und unter ständigem Rühren leicht köcheln lassen, bis sich Milch, Butter und Mehl zu einer Milchsauce verbunden haben. Die Paprika in kleine Würfel schneiden und in der Sauce mitköcheln lassen. Ist die Paprika weich, alles zusammen kurz anmixen und mit Salz und Pfeffer abschmecken. Vor dem Servieren die Sauce mit Kresse garnieren.

LINSEN-KARTOFFELSAUCE

ZUTATEN

100 g Linsen
250 g Kartoffeln
1/4 l Milch
1/4 l Sahne
1 EL Weißweinessig
Salz, Pfeffer

ZUBEREITUNG

Linsen in Salzwasser weich kochen. Die Kartoffeln schälen, in kleine Würfel schneiden und ins kochende Wasser geben. Sind die Kartoffelstücke weich, herausnehmen und durch die Kartoffelpresse drücken. In einem Topf Sahne und Milch aufkochen und die Kartoffelmasse gut untermengen. Anschließend die Linsen in die Kartoffelsauce geben und mit dem Weißweinessig verfeinern. Je nach Belieben mit Salz und Pfeffer abschmecken.

DINKEL-TOMATENBOLOGNESE

ZUTATEN

50 g Dinkel
100 g Zwiebel
50 ml Olivenöl
12 Basilikumblättchen
200 g Tomatenmark
3 Tomaten
1 l Wasser
Salz, Pfeffer

ZUBEREITUNG

Den Dinkel grob mahlen. Die Zwiebel schälen und in feine Würfel schneiden. In einem Topf das Olivenöl erhitzen und den Dinkel und die Zwiebel darin leicht anrösten. Das Tomatenmark einrühren. Die Tomaten klein schneiden und ebenfalls untermengen. Anschließend mit Wasser ablöschen und bis auf die Hälfte einkochen lassen. Basilikumblättchen in feine Streifen schneiden und unterheben. Mit Salz und Pfeffer abschmecken.

MIT HIRSE GEFÜLLTE ZUCCHINI

ZUTATEN

100 g Karotten
1 gelbe Paprika
750 ml Wasser
200 g Hirse
4 dicke Zucchinischeiben
$1/2$ Bund Schnittlauch
Öl zum Ausbraten
Salz, Pfeffer

ZUBEREITUNG

Die Karotten schälen und in feine Würfel schneiden. Die Paprika halbieren, Kerngehäuse entfernen und ebenfalls in kleine Würfel schneiden. Wasser mit etwas Salz zum Kochen bringen, anschließend die Gemüsewürfel und die Hirse hinzugeben, kurz aufkochen lassen und zugedeckt ohne weitere Hitze etwa 20 Minuten quellen lassen.

Die Zucchinischeiben mit einem Löffel aushöhlen und in einer Pfanne mit Öl anbraten. Den Schnittlauch fein schneiden und unter die Gemüse-Hirse mischen. Mit Salz und Pfeffer abschmecken und in die Zucchinischeiben füllen.

WEISSKRAUT-KÜMMELSALAT

ZUTATEN

400 g Weißkraut
4 EL Honig
6 EL Kümmel
100 ml Sonnenblumenöl
8 EL Mineralwasser
8 EL Weißweinessig
Salz, Pfeffer

ZUBEREITUNG

Das Weißkraut in feine Streifen schneiden. Honig, Kümmel, Mineralwasser, Weißweinessig und Sonnenblumenöl hinzugeben. Alles gut vermengen und mit Salz und Pfeffer abschmecken.

BAUERNSALAT

ZUTATEN

160 g Buschbohnen
300 g Schafskäse
4 Tomaten
120 g grüne Oliven, ohne Kern
120 g Frühlingszwiebeln
80 ml dunkler Balsamico-Essig
80 ml Sonnenblumenöl
Salz, Pfeffer

ZUBEREITUNG

Die Bohnen waschen, putzen und etwa 5 Minuten in Salzwasser blanchieren. Abgießen, mit kaltem Wasser abschrecken und halbieren. Die Tomaten und den Schafskäse in kleine Würfel, die Oliven und die Frühlingszwiebeln in Scheiben schneiden. Bohnen, Tomaten, Schafskäse und Oliven in eine Schüssel geben, mit Balsamico-Essig und Sonnenblumenöl übergießen, gut vermengen und mit Salz und Pfeffer abschmecken.

ANANAS-KRAUT

ZUTATEN

300 g Sauerkraut
200 g frische Ananas
100 ml Weißwein
$^1/_2$ Zwiebel
Öl zum Braten
3 EL Honig
Salz, Pfeffer

ZUBEREITUNG

Die Zwiebel in feine Würfel schneiden und in Öl anbraten. Ananas in kleine Stücke schneiden und zu den Zwiebeln geben. Das Sauerkraut ebenfalls unterheben und alles gut vermengen. Mit dem Weißwein ablöschen, etwa 15 Minuten bei mittlerer Hitze mit Deckel schmoren lassen. Zum Schluss mit Honig, Salz und Pfeffer abschmecken.

SPANFERKELKOTELETT

ZUTATEN

4 x 200 g Spanferkelkarree
Honig
Öl zum Braten
Salz, Pfeffer

ZUBEREITUNG

Das Spanferkel mit der Fettseite nach unten
in eine Pfanne mit Wasser legen und so lange
köcheln lassen, bis die Fettseite weich ist.
Diese dann mit einem Messer einritzen und
anschließend das Spanferkelkotelett mit Salz
und Pfeffer gut würzen. Öl in einer Pfanne
erhitzen, das Spanferkel auf der Fettseite
kross anbraten, herausnehmen und mit Honig
einstreichen. Im Backofen bei 150 °C etwa
20 Minuten garen.

KARTOFFEL-GEMÜSESUD

ZUTATEN

4 Kartoffeln
3 Karotten
1 Stange Lauch
1 Sellerieknolle
1 Zwiebel
1 Rosmarinzweig
1 Thymianzweig
750 ml Fleischbrühe / Gemüsebrühe
1/2 Bund glatte Petersilie
50 g Butter
Sojasauce
Salz, Pfeffer

ZUBEREITUNG

Die Kartoffeln schälen und in grobe Würfel schneiden. Karotten, Sellerie und Zwiebel in kleine Würfel schneiden. Den Lauch länglich halbieren und in Streifen schneiden. Rosmarin und Thymian fein hacken. In einem Topf Butter erhitzen und das Gemüse hinzugeben, schwenken, mit der Brühe ablöschen und alles zusammen etwa 5 Minuten bei mittlerer Hitze bissfest garen. Lauch und Zwiebel hinzugeben und weitere 5 Minuten köcheln lassen. Die Petersilie grob hacken und unterheben. Mit Sojasauce, Pfeffer und etwas Salz abschmecken.

SCHINKEN-RAHMWIRSING

ZUTATEN

10 Wirsingblätter
100 g Schinken
2 EL Butter
2 EL Mehl
1/2 l Milch
Muskat, Salz, Pfeffer

ZUBEREITUNG

Die Wirsingblätter in Salzwasser blanchieren, in kaltem Wasser abschrecken und in Streifen schneiden. Den Schinken in Würfel schneiden. Butter und Schinken anschwitzen, das Mehl darüberstreuen und gut verrühren. Mit Milch ablöschen und aufkochen lassen. Den Wirsing hinzugeben und mit Salz, Pfeffer und Muskat abschmecken.

PASTINAKENPÜREE

ZUTATEN

6 EL Butter
2 Pastinaken
1 mittelgroße Kartoffel
1/2 l Milch
Salz, Pfeffer

ZUBEREITUNG

Pastinaken und Kartoffel schälen, waschen und klein schneiden. In einem Topf die Butter erhitzen, die Pastinaken hinzugeben und leicht anbraten. Mit Milch aufgießen, aufkochen lassen, die Kartoffeln untermengen und alles etwa 8 - 10 Minuten köcheln lassen. Sobald das Gemüse gar ist, mit dem Mixer fein mixen und mit Salz und Pfeffer abschmecken.

TAFELSPITZ VOM RIND

ZUTATEN

800 g Tafelspitz vom Rind
$^1/_2$ Zwiebel
$^1/_2$ Stange Lauch
2 Karotten
$^1/_4$ Sellerie
6 Pfefferkörner
1 Knoblauchzehe
4 Lorbeerblätter
5 Wacholderbeeren
Wasser, Salz

ZUBEREITUNG

Das Gemüse grob schneiden und mit dem Fleisch und den Gewürzen in einen Topf geben. Mit Wasser auffüllen, bis alles gut bedeckt ist und zugedeckt bei mittlerer Hitze schmoren lassen. Nach etwa 30 Minuten die Temperatur erhöhen und kurz aufkochen lassen, damit die Bitterstoffe (weißer, grauer Schaum) nach oben steigen und man diese abschöpfen kann.

Nach und nach wieder etwas Wasser hinzugeben. Das Fleisch zugedeckt etwa 2 Stunden schmoren lassen. Wenn es schön zart ist, aus dem Sud nehmen und diesen etwas einkochen, damit er richtig kräftig wird. Danach den Sud abpassieren und den Tafelspitz aufschneiden, mit Salz würzen und im Sud erwärmen.

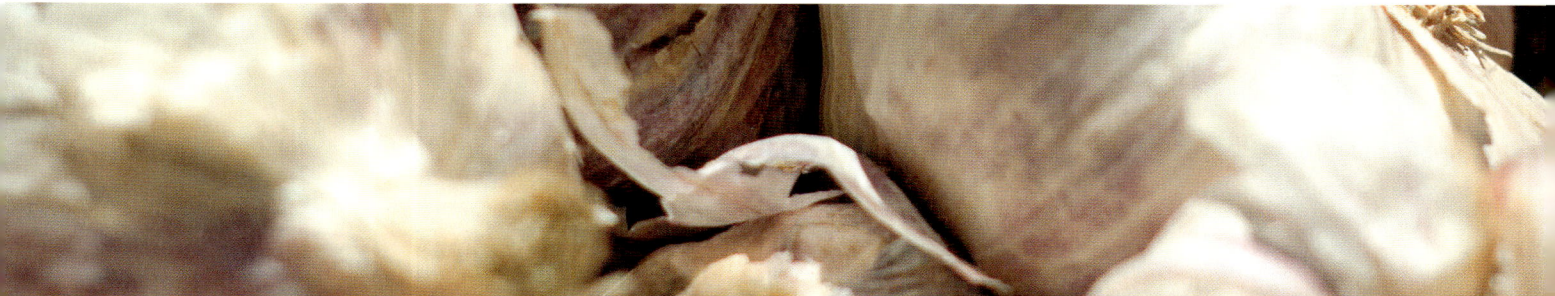

GEGRILLTES SOMMERGEMÜSE

ZUTATEN

1 gelbe Paprika
1 grüne Paprika
1 Aubergine
1 Zucchino
4 Thymianzweige
2 Rosmarinzweige
$^1/_2$ Knoblauchzehe
Olivenöl
Salz, Pfeffer
4 Champignons
1 rote Paprika

ZUBEREITUNG

Die Paprikaschoten halbieren, Kerngehäuse entfernen und in Dreiecke schneiden. Aubergine und Zucchino in Scheiben schneiden, Knoblauch längs halbieren. Eine Grillpfanne erhitzen, Gemüse, Knoblauch und Kräuterzweige darin grillen. Sobald das Gemüse schön Farbe genommen hat, aus der Pfanne nehmen und in einen Topf geben. Olivenöl in den Topf füllen, bis das Gemüse bedeckt ist. Bei geringer Hitze 10 Minuten garen, herausnehmen und mit Salz und Pfeffer würzen. Je nach Geschmack, noch etwas Parmesan oder Pesto darüber geben.

BOLOGNESE

ZUTATEN

400 g gemischtes Hackfleisch
6 große Tomaten
$^1/_2$ Zwiebel
Öl zum Braten
10 Basilikumblättchen
150g Tomatenmark
$^1/_2$ Knoblauchzehe
$^1/_4$ Bund Oregano
$^1/_4$ Bund Majoran
Salz, Pfeffer
Wasser

ZUBEREITUNG

Tomaten und Zwiebel in kleine Würfel schneiden. In einem Topf Öl erhitzen und die Zwiebel darin glasig anschwitzen. Das Hackfleisch hinzugeben und gut anbraten. Tomatenmark und die Tomaten untermischen und langsam köcheln lassen. Nach und nach etwas Wasser dazugießen und solange köcheln lassen, bis das Fleisch weich ist. Knoblauch, Majoran und Oregano fein hacken und unter die Sauce ziehen. Basilikumblättchen in feine Streifen schneiden und mit dazugeben. Die Bolognese mit Salz und Pfeffer abschmecken.

KRÄUTERSAUCE

ZUTATEN

3 Rosmarinzweige
3 Thymianzweige
$^1/_2$ Bund Oregano
1 Bund Petersilie
$^1/_2$ Bund Salbei
$^1/_2$ Bund Estragon
3 EL Butter
5 EL Mehl
500 ml Milch
Salz, Pfeffer
Muskat

ZUBEREITUNG

Rosmarin, Thymian, Oregano, Salbei, Petersilie und Estragon von den Zweigen zupfen und fein hacken. Butter in einem Topf zerlassen, das Mehl unterrühren und unter ständigem Rühren leicht anschwitzen. Die Milch nach und nach hinzugeben. Sobald die Milch aufgekocht hat, mit einem Stabmixer die Kräuter einarbeiten und die Sauce mit Salz, Pfeffer und Muskat abschmecken.

HAUSGEMACHTE PAPARDELLE

ZUTATEN

400 g Mehl
2 Eier
2 Eigelb
5 EL Milch
4 EL Olivenöl
Thymian, Rosmarin oder
andere Kräuter (je nach Belieben)
Grieß oder Mehl zum Ausrollen
Butter zum Schwenken
Salz, Pfeffer

ZUBEREITUNG

Das Mehl zusammen mit den Eiern, den
Eigelben, Milch und Olivenöl gut verkneten.
Je nach Belieben etwas Salz hinzugeben,
nochmals gut verkneten. Den Teig in Klarsichtfolie einpacken und für 30 Minuten ruhen
lassen. Den Teig mit der Nudelmaschine oder
einem Wellholz dünn ausrollen, dabei etwas
Grieß oder Mehl auf die Arbeitsfläche streuen,
damit der Teig nicht so sehr klebt. Mit einem
Messer längliche Teigstreifen schneiden.
Die Nudeln in Salzwasser etwa 3-4 Minuten
kochen und aus dem Wasser nehmen. In einer
Pfanne Butter erhitzen, die Papardelle kurz
darin schwenken und mit Salz und Pfeffer
abschmecken. Je nach Geschmack fein
gehackte Kräuter wie Rosmarin, Thymian oder
Petersilie untermischen.

KARTOFFEL-SPECKTALER

ZUTATEN

600 g Kartoffeln
40 g Speck
20 g Maisstärke
1 Bund Petersilie
1 Eigelb
Öl zum Braten
Salz, Pfeffer
geriebene Muskatnuss

ZUBEREITUNG

Die Kartoffeln schälen und in Salzwasser weich kochen. Auskühlen lassen und anschließend durch die Kartoffelpresse drücken. Den Speck in kleine Würfel schneiden und in einer Pfanne mit Öl ausbraten. Die Petersilie fein hacken. In einer Schüssel Kartoffeln, Petersilie, Speck, Eigelb und Maisstärke gut vermengen. Mit Salz, Pfeffer und Muskat abschmecken. Die Masse mit etwas Maisstärke zu einer Rolle formen, gleichmäßige Scheiben schneiden und in Öl auf beiden Seiten anbraten.

ROSMARIN-KRUSTELN

ZUTATEN

400 g Kartoffeln
100 g Wasser
8 EL Mehl
2 EL Butter
1 Ei
1 Rosmarinzweig
Öl zum Ausbacken
Salz und Pfeffer

ZUBEREITUNG

Kartoffeln schälen, in kochendem Salzwasser garen und anschließend durch eine Kartoffelpresse drücken. Wasser, Mehl und Butter in einem Topf bei mittlerer Hitze zu einem glatten Brandteig verrühren, vom Herd nehmen und das Ei mit einem Schaumlöffel einarbeiten. Rosmarinnadeln vom Zweig zupfen und mit den Kartoffeln in den Teig geben und verrühren. Mit Salz und Pfeffer abschmecken und die Masse in den Kühlschrank stellen. Gekühlt herausnehmen, mit zwei Löffeln Nocken abdrehen und diese in heißem Öl goldbraun frittieren.

HASELNUSSSPÄTZLE

ZUTATEN

125 g Weizenmehl
2 Eier
75 ml Milch
20 g Butter
20 g Haselnüsse
Salz, Pfeffer

ZUBEREITUNG

Ein Ei mit der Milch vermengen. Das zweite Ei in einer Schüssel dem Mehl untermischen und die Milch-Ei-Masse hinzugeben. Alles gut verkneten, bis der Teig Blasen schlägt. Mit Salz und Pfeffer würzen. Den Teig mit Folie abdecken und 30 Minuten stehen lassen. Mit einer Spätzlespresse den Teig in das kochende Salzwasser drücken. Sobald die Spätzle an der Wasseroberfläche schwimmen, herausnehmen und abtropfen lassen. Haselnüsse klein hacken. Butter in einer Pfanne zerlassen und die Haselnüsse darin anrösten. Die Spätzle dazugeben und mit Pfeffer und Salz abschmecken.

RÜCKEN VOM LANDSCHWEIN MIT PILZFÜLLUNG

ZUTATEN

4 x 150 g Schweinerücken
125 g Pilze der Saison
1 EL Butter
40 g getrocknete Tomaten
4 g Kräuter der Saison
(z. B. Petersilie, Rosmarin, Thymian)
$1/4$ Knoblauchzehe
100 g Brät
Öl zum Braten
Salz und Pfeffer

ZUBEREITUNG

Pilze und Tomaten fein schneiden, die Kräuter zupfen und auch fein hacken. Knoblauch mit etwas Salz und einem Messerrücken fein mörsern. In einer Pfanne Butter erhitzen und die Pilze, Kräuter und Tomaten darin anbraten. In einer Schüssel das Brät und die gebratenen Kräuter, Pilze, Tomaten und den Knoblauch vermengen. Mit Salz und Pfeffer abschmecken.

Mit einem Messer länglich eine Tasche in den Schweinerücken einschneiden und die Gemüse-Brät-Masse mit einem Spritzbeutel einfüllen. Den gefüllten Rücken leicht mit Salz und Pfeffer würzen, in Öl anbraten und im Backofen bei 160 °C Umluft 14 Minuten garen.

KARTOFFEL-TOMATENRAGOUT

ZUTATEN

300 g Tomaten
100 g Butter
300 g Kartoffeln
Salz, Pfeffer

ZUBEREITUNG

Die Kartoffeln schälen, in kleine Würfel schneiden und in Salzwasser garen. Die weich gekochten Kartoffeln kurz im kalten Wasser abschrecken. Die Tomaten in gleichmäßige Stücke schneiden und zusammen mit der Butter zugedeckt in einem Topf schmoren lassen. Wenn sich die Tomaten und die Butter zu einem Kompott verbunden haben, die Kartoffeln hinzugeben und mit Salz und Pfeffer abschmecken.

FRÜHLINGSLAUCH-KRÄUTERSUD

ZUTATEN

3 - 4 Stangen Frühlingslauch
2 Bund verschiedene Kräuter z. B. Salbei, Basilikum, Oregano, Estragon
300 ml Wasser
100 g Butter
Salz, Pfeffer

ZUBEREITUNG

Die Kräuter fein schneiden. Den Frühlingslauch längs halbieren und in Ringe schneiden. In einem Topf die Butter zusammen mit dem Frühlingslauch und den Kräutern leicht anbraten. Mit dem Wasser aufgießen und so lange köcheln lassen, bis der Lauch zartweich ist. Mit Salz und Pfeffer abschmecken.

PILZE À LA CREME

ZUTATEN

400 g Pilze (Steinpilze, Pfifferlinge, Seitlinge, Austernpilze und Champignons)
$1/4$ Zwiebel
250 ml Sahne
50 g Crème Fraîche
Salz, Pfeffer
$1/2$ Bund Petersilie
Sonnenblumenöl

ZUBEREITUNG

Die Pilze vierteln oder in Scheiben schneiden. Die Zwiebel in feine Würfel schneiden. In einem Topf das Öl erhitzen und Zwiebel und Pilze darin anbraten. Mit der Sahne ablöschen und köcheln lassen. Die Petersilie fein hacken. Sobald die Pilzmasse leicht dickflüssig ist, Crème Fraîche und Petersilie einrühren. Mit Salz und Pfeffer abschmecken.

BREZELKNÖDEL

ZUTATEN

4 Brezeln
400 ml Milch
4 Eier
Salz, Pfeffer
150 g Butter
Schnittlauch

ZUBEREITUNG

3 Brezeln in kleine Stücke schneiden und in eine Schüssel geben. Milch aufkochen und über die Brezelstücke gießen. Eier, Salz und Pfeffer hinzugeben und vermengen. Die Masse einige Minuten ruhen lassen. Knödel formen und diese im siedenden Salzwasser etwa 15 Minuten garen.
Eine Brezel in sehr feine Würfel schneiden und zusammen mit der Butter in einem Topf bei mittlerer Hitze anrösten, bis die Brezel goldbraun ist. Den Schnittlauch fein schneiden und hinzugeben. Mit Salz und Pfeffer würzen. Diese Schmelze über die Knödel geben.

GURKEN-DILL-KARTOFFELSALAT

ZUTATEN

400 g Kartoffeln
$^1\!/_2$ Gurke
120 g Sauerrahm
Dill
Salz, Pfeffer
Rohrzucker
Sonnenblumenöl
Weißweinessig

ZUBEREITUNG

Die Kartoffeln mit der Schale im Wasser weich kochen. Abkühlen lassen, schälen und in Scheiben schneiden. Die Gurken länglich halbieren und ebenfalls in Scheiben schneiden, den Dill fein hacken. Gurken und Kartoffeln in eine Schüssel geben, Sauerrahm und Dill unterheben und mit Salz, Pfeffer, Rohrzucker, Sonnenblumenöl und Weißweinessig abschmecken.

CHAMPIGNON-SCHINKENSAUCE

ZUTATEN

300 g Champignons
1 mittelgroße Tomate
100 g gekochter Schinken
30 g Butter
1 EL Mehl
200 ml Milch
Salz, Pfeffer

ZUBEREITUNG

Die Champignons vierteln, die Tomaten in kleine Stücke und den Schinken in Streifen schneiden. In einem Topf die Butter mit den Champignons anbraten, anschließend mit Mehl bestäuben und mit der Milch ablöschen. Kurz aufkochen lassen, die Tomaten und den Schinken hinzugeben und mit Salz und Pfeffer abschmecken.

KOHLRABI À LA CREME

ZUTATEN

1 großer Kohlrabi
50 g Butter
250 ml Sahne
50 g Crème Fraîche
Salz, Pfeffer, Muskat

ZUBEREITUNG

Den Kohlrabi schälen, vierteln und in Scheiben schneiden. Anschließend in einem Topf die Butter mit dem Kohlrabi etwa 8 Minuten auf mittlerer Hitze schmoren lassen. Die Sahne unterrühren und köcheln lassen. Sobald der Kohlrabi weich ist, die Crème Fraîche unterheben und mit Salz, Pfeffer und etwas Muskat würzen.

FLEISCHKÜCHLE

ZUTATEN

500 g gemischtes Hackfleisch
50 g Butter
2 Scheiben Toastbrot
1 mittelgroße Zwiebel
1 Bund Petersilie
2 EL Senf
Salz, Pfeffer
Öl zum Braten

ZUBEREITUNG

Die Zwiebel schälen und in feine Würfel schneiden, das Toastbrot ebenfalls in kleine Stücke schneiden und die Petersilie hacken. In einer Pfanne die Butter erhitzen und die Zwiebel darin anbraten. Hackfleisch, Toastbrot, Petersilie, Senf und Zwiebel in eine Schüssel geben, alles gut vermengen und mit Salz und Pfeffer abschmecken. Aus der Masse gleichmäßige Küchle formen. Öl in einer Pfanne erhitzen und die Fleischküchle von beiden Seiten braun anbraten.

REHRAGOUT

ZUTATEN

800 g Rehschulter
1 Zwiebel
2 Karotten
$1/2$ Sellerie
1 Knoblauchzehe
1 Rosmarinzweig
2 Lorbeerblätter
3 EL Öl zum Anbraten
150 ml Balsamico-Essig
50 g Tomatenmark
500 ml Wasser
Salz, Pfeffer

ZUBEREITUNG

Fleisch in 3 cm große Würfel schneiden. Öl in einem Schmortopf erhitzen und das Fleisch darin kurz anbraten und herausnehmen. Das Gemüse klein schneiden und im Topf anschwitzen. Rosmarin zupfen, mit den Lorbeerblättern und Tomatenmark untermengen und kurz mitbraten. Mit dem Balsamico-Essig ablöschen und einreduzieren lassen. Fleisch wieder hineinlegen, mit Wasser auffüllen und etwa 90 Minuten zugedeckt bei kleiner Hitze köcheln lassen. Mit Salz und Pfeffer abschmecken.

PREISELBEEREN-MIRABELLEN-CHUTNEY

ZUTATEN

200 g Mirabellen
2 Thymianzweige
150 g eingelegte Wildpreiselbeeren
50 g Butter
Zimt
Salz, Pfeffer

ZUBEREITUNG

Die Mirabellen entsteinen und in kleine Würfel schneiden. Den Thymian zupfen und fein hacken. In einem Topf die Butter zusammen mit dem Thymian und den Mirabellen 10 Minuten schmoren lassen. Die eingelegten Wildpreiselbeeren untermengen und mit Salz, Pfeffer und Zimt abschmecken.

CHAMPIGNON-OFENSCHLUPFER

ZUTATEN

50 g Butter
200 g Champignons
4 Scheiben Toast
4 Eier
240 ml Sahne
Salz, Pfeffer

ZUBEREITUNG

Champignons klein schneiden und in Butter anschwitzen. Toastbrot in feine Würfel schneiden. Eier und Sahne verrühren, mit Salz und Pfeffer würzen und mit den Toastbrotwürfeln zu den Champignons geben und vermischen. Soufflé-Förmchen mit Butter einstreichen, füllen und im Backofen bei 140 °C etwa 20 Minuten backen. Noch warm aus den Förmchen stürzen.

BRATEN VOM WILD

ZUTATEN

600 g Wild (Keule / Oberschale / Schulter)
1 Karotte
1 Zwiebel
$^1/_2$ Sellerieknolle
2 Lorbeerblätter
8 Wacholderbeeren
2 Rosmarinzweige
2 Thymianzweige
2 Knoblauchzehen
100 g Tomatenmark
200 ml Rotwein
1 kleiner Tannenzweig
Öl zum Braten
Honig
Salz, Pfeffer

ZUBEREITUNG

Das Wildfleisch mit Salz und Pfeffer würzen. Karotte, Zwiebel und Sellerie in kleine Stücke schneiden. In einem Topf das Öl erhitzen und das Fleisch darin kross anbraten, aus dem Topf nehmen und das Gemüse und die Kräuter (Lorbeer, Wacholder, Thymian, Rosmarin, Knoblauchzehen) im Topf anrösten. Tomatenmark hinzugeben, leicht mitrösten und mit Rotwein ablöschen. Den Braten wieder einlegen und mit Wasser auffüllen, sodass der Braten schön bedeckt ist. Den Tannenzweig dazulegen, und den Braten etwa 60 Minuten bei mittlerer Hitze im Topf zart garen. Den Braten aus dem Fond herausnehmen, den Fond abpassieren und in einem neuen Topf so lange einkochen lassen, bis er eine dickflüssige Konsistenz hat. Mit Honig, Salz und Pfeffer abschmecken. Den Braten portionieren und in den warmen Fond legen.

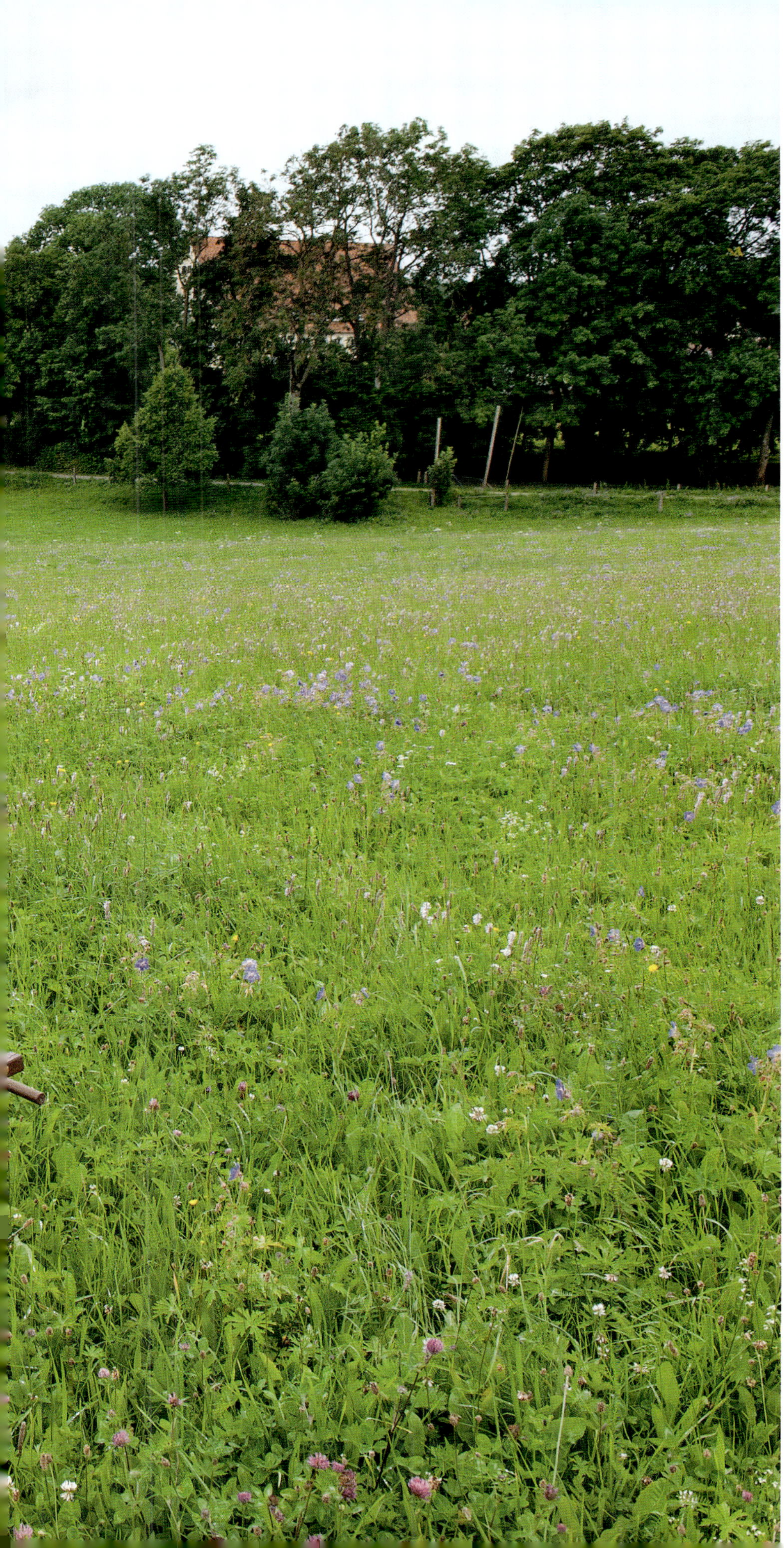

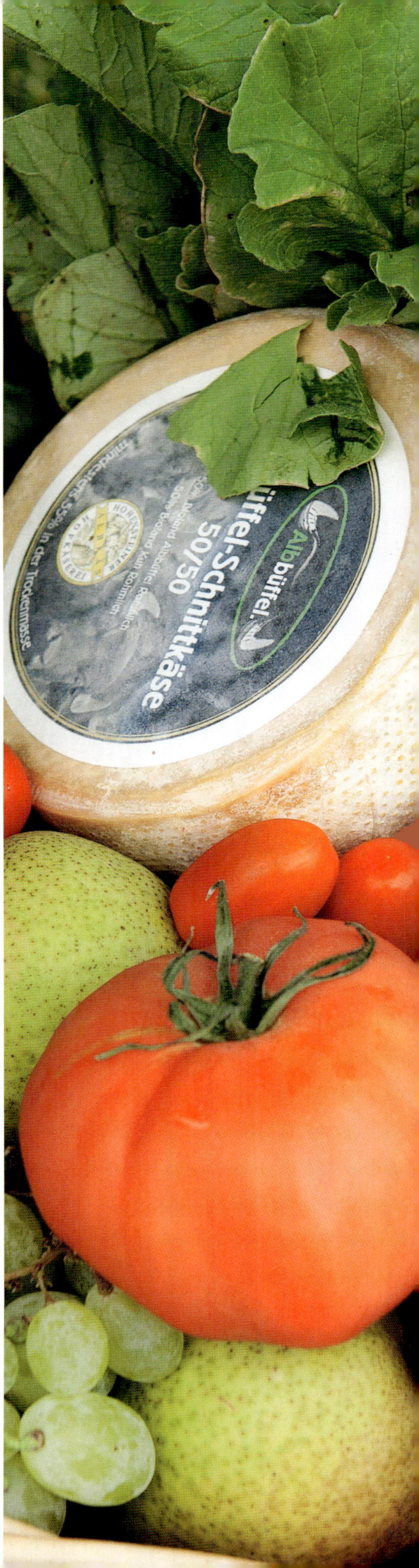
Albbüffel.
üffel-Schnittkäse
50/50

STEINPILZ RAVIOLI

ZUTATEN

120 g Steinpilze
60 g Butter
15 g Kräuter (Thymian, Rosmarin, Salbei, Petersilie)
1 Scheibe Toastbrot
200 g Weizenmehl
1 Ei
1 Eigelb
4 EL Milch
4 EL Olivenöl
Salz, Pfeffer
1 Ei zum Einstreichen

ZUBEREITUNG

Steinpilze und Toastbrot in Würfel schneiden, die Kräuter fein hacken. In einer Pfanne die Butter erhitzen, die Steinpilze hinzugeben und gut anbraten. Herausnehmen, in eine Schüssel füllen, mit dem Toastbrot und Kräutern vermengen und mit Salz und Pfeffer abschmecken.
In einer anderen Schüssel Mehl, Ei, Eigelb, Milch und Olivenöl verrühren. Den Teig in Klarsichtfolie einpacken und 30 Minuten ruhen lassen. Anschließend den Teig mit dem Wellholz oder der Nudelmaschine in zwei Bahnen ausrollen. Auf eine Bahn mit einem Löffel gleichmäßige Portionen der Pilzmasse verteilen. Das Ei zum Bestreichen kurz verquirlen und mit einem Pinsel um die einzelnen Portionen streichen. Die zweite Bahn Teig darauflegen und gut andrücken. Mit einem Ring die Ravioli ausstechen und mit der Hand am Rand gut andrücken. Die Ravioli in köchelndem Salzwasser etwa 4-5 Minuten ziehen lassen.

OLIVENGNOCCHI

ZUTATEN

200 g gekochte Kartoffeln
50 g Mehl
$1/2$ TL Backpulver
1 Ei
1 Eigelb
Butter
$1/2$ Bund Petersilie
50 g grüne Oliven ohne Stein
Salz, Pfeffer

ZUBEREITUNG

Kartoffeln schälen und durch eine Kartoffelpresse drücken. Die Oliven zusammen mit der Petersilie fein hacken und mit dem Ei, Eigelb, Mehl und Backpulver gut vermengen. Mit Pfeffer und je nach Belieben mit etwas Salz würzen. Die Masse zu einer langen Rolle formen, und mit dem Messer in etwa 3 cm große Stücke schneiden. Die Gnocchi mit der Gabel ein wenig platt drücken und in köchelndes Salzwasser geben. Schwimmen die Gnocchi an der Wasseroberfläche, diese aus dem Wasser nehmen und auf einem Tuch abtropfen lassen. In einer Pfanne Butter erhitzen, und die Gnocchi darin gleichmäßig anbraten. Mit Salz und Pfeffer würzen.

GESCHMORTE KEULE VOM LAMM

ZUTATEN

600 g Lammkeule
1 Karotte
¼ Sellerieknolle
1 Zwiebel
1 Lorbeerblatt
1 TL Wacholderbeeren
3 Knoblauchzehen
150 g Tomatenmark
100 ml Balsamico-Essig
Salz, Pfeffer
Öl zum Braten
1 TL Pfefferkörner
Wasser
3 Rosmarinzweige
3 Thymianzweige

ZUBEREITUNG

Die Lammkeule mit Salz und Pfeffer gut
würzen. Karotte, Sellerie und die Zwiebel in
kleine Würfel schneiden. Die Knoblauchzehen
länglich halbieren. Öl in einem Topf erhitzen
und die Lammkeule gut von allen Seiten
anbraten und herausnehmen. Das Gemüse
mit den Knoblauchzehen in den Topf geben
und anrösten. Tomatenmark einrühren und
kurz mitrösten. Mit dem Balsamico-Essig
ablöschen und die Lammkeule zusammen
mit Pfefferkörnern, Lorbeerblatt, Wacholderbeeren, Rosmarin und Thymian hineinlegen.
So lange köcheln lassen, bis der Balsamico-
Essig fast eingekocht ist. Mit kaltem Wasser
auffüllen, sodass die Lammkeule gut bedeckt
ist, nochmals aufkochen lassen. Mit einem
Löffel den sich bildenden Schaum (Bitterstoffe) abschöpfen. Bei mittlerer Hitze zugedeckt
weiter köcheln lassen und immer wieder
etwas Wasser hinzugeben. Die Lammkeule
ist gar, wenn diese beim „Gabeltest" von der
Fleischgabel fällt. Lamm herausnehmen und
die Sauce mit einem feinen Sieb abpassieren
und in einem Topf so lange einkochen lassen,
bis sie die gewünschte Konsistenz hat. Zum
Schluss mit Salz und Pfeffer abschmecken.

MARONEN-TOASTBROTSCHNITTEN

ZUTATEN

10 Toastbrotscheiben
250 g Maronen
(Esskastanien, vorgegart)
100 g Butter
100 ml Balsamico-Essig
250 g Kartoffeln
1 Bund Petersilie
Salz, Pfeffer

ZUBEREITUNG

Die Toastbrotscheiben mit einem Brotmesser aufschneiden. Kartoffeln schälen, würfeln und in Salzwasser weich kochen. Durch eine Presse drücken, die Hälfte der Butter dazugeben, Petersilie fein schneiden und unterheben. Mit Salz und Pfeffer abschmecken.
Die vorgegarten Maronen in den restlichen 50 g Butter anschwitzen, mit Balsamico-Essig ablöschen, einkochen lassen und mit Salz und Pfeffer abschmecken. Alles fein pürieren. Toastbrot mit Kartoffel- und Maronenpüree bestreichen und zu einem Sandwich zusammenlegen.

SAFRAN-GEMÜSERISOTTO

ZUTATEN

200 g Risottoreis
$1/2$ Zwiebel
$1/2$ Karotte
5 Bohnen
1 Msp. Safran
40 g Parmesan
4 Blumenkohlröschen
$1/2$ l Wasser
$1/2$ l Weißwein
Olivenöl
Salz, Pfeffer

ZUBEREITUNG

Die Zwiebel in feine Würfel, die Karotte in Scheiben schneiden. Die Bohnen putzen und halbieren. Den Risottoreis in einen Topf mit etwas Öl geben und leicht anschwitzen. Anschließend das Safranpulver dazugeben und mit Wasser ablöschen, sodass der Reis bedeckt ist. Die Temperatur verringern und langsam garen lassen. Immer mal wieder umrühren. Wasser und Wein nach und nach hinzugeben.
Bohnen, Blumenkohl und Karotten in Salzwasser bissfest garen. Sobald der Reis weich ist, Parmesan und Gemüse unterheben und je nach Belieben mit Salz und Pfeffer abschmecken.

REHRÜCKEN
IN AROMATEN GEBRATEN

ZUTATEN

4 Scheiben Rehrücken à 150 g
4 Lavendelzweige
4 Rosmarinzweige
4 Thymianzweige
1 Lorbeerblatt
5 Wacholderbeeren
8 Salbeiblätter
100 g Butter
1 Knoblauchzehe
Salz, Pfeffer

ZUBEREITUNG

Die Rehrückenscheiben mit Salz und Pfeffer
würzen. Rosmarin, Lavendel und Thymian
zupfen und zusammen mit der Knoblauchzehe, den Wacholderbeeren, den Salbeiblättern
und der Butter in einer Pfanne erwärmen,
sodass sich das Kräuteraroma in der Pfanne
mit der Butter entfalten kann. Backofen auf
140 °C Umluft vorheizen.
Den Rehrücken in die Pfanne zu den Kräutern
legen, und von allen Seiten leicht anbraten.
Aus der Pfanne nehmen, im Backofen auf ein
Gitter legen und die Gewürze und Kräuter aus
der Pfanne auf dem Rehrücken verteilen und
etwa 12 Minuten garen.

LEBKUCHENPOLENTA

ZUTATEN

500 ml Milch
125 g Polenta
1 Ei
1 Eigelb
2 Msp. Lebkuchengewürz
Salz, Pfeffer
Öl zum Braten

ZUBEREITUNG

Milch mit Lebkuchengewürz, Salz und Pfeffer
aufkochen. Polenta einrühren und Ei und
Eigelb unter schnellem Schlagen einarbeiten.
Eine gewünschte Form (z. B. Terrine oder
Pastetenform) mit Klarsichtfolie auslegen, die
Masse einfüllen und kalt stellen. Sobald die
Polenta erkaltet ist, aus der Form stürzen, in
Scheiben schneiden und diese in heißem Öl
von beiden Seiten goldbraun anbraten.

MARTINSGANS

ZUTATEN

1 Gans
5 Brötchen
200 g Gänseinnereien (Herz, Niere, Leber)
200 ml Milch
1 Zwiebel
Öl zum Anbraten
3 Eier
1 Bund glatte Petersilie
Butter zum Einstreichen

ZUBEREITUNG

Die Brötchen in Würfel schneiden, Milch erhitzen und das Brot darin einweichen. Innereien und Zwiebel in Würfel schneiden. Petersilie fein hacken. Öl erhitzen und Zwiebel darin andünsten. Die Innereien hinzugeben, kurz anbraten und zum Brot geben. Alles gut vermengen. Eier und Petersilie untermischen. Backofen auf 160° C Umluft vorheizen. Die Gans mit der Masse füllen, außen mit Salz und Pfeffer gut würzen, in einen Bräter legen und 90 Minuten im Backofen braten. Kurz herausnehmen, mit Butter einstreichen und bei 200 °C Umluft weitere 15 Minuten braten.

LINSEN-KARTOFFELN MIT POCHIERTEM EI

ZUTATEN

200 g Kartoffeln
200 g Linsen
5 EL Sonnenblumenöl
10 EL Balsamico-Essig
$^1/_2$ Bund Schnittlauch
1 - 2 EL Honig
3 EL Essig für das Wasser zum Eier garen
1 l Wasser
4 frische Eier
Salz, Pfeffer

ZUBEREITUNG

Die Kartoffeln schälen, in kleine Würfel schneiden und in Salzwasser weich kochen. Linsen in Wasser (ohne Salz) bissfest kochen. Schnittlauch fein schneiden. Butter in einer Pfanne erhitzen und die Kartoffeln und Linsen darin schwenken. Öl und Balsamico-Essig verrühren und mit dem Schnittlauch dazugeben. Mit Salz und Pfeffer abschmecken. Je nach Geschmack mit Honig süßen.
Wasser und Essig erhitzen. Mit dem Schneebesen einen Strudel rühren. Eier in den Strudel geben, 4 Minuten ziehen lassen, herausnehmen, schälen und mit Salz und Pfeffer würzen.

KAROTTEN-INGWERPÜREE

ZUTATEN

500 g Karotten
100 g Kartoffeln
50 g Ingwer
1 l Möhrensaft
5 EL Olivenöl
Ahornsirup
Salz, Pfeffer

ZUBEREITUNG

Die Karotten und Kartoffeln klein schneiden. Den Ingwer mit dem Messer schälen und auch klein schneiden. In einem Topf Öl erhitzen und den Ingwer darin leicht anrösten. Karotten und Kartoffeln hinzugeben, mit dem Möhrensaft ablöschen und einkochen lassen, bis der Möhrensaft verkocht ist. Anschließend pürieren und mit Salz, Pfeffer und Ahornsirup abschmecken.

BROKKOLI-AUFLAUF

ZUTATEN

150 g Brokkoli
2 EL Honig
1/8 l Sahne
2 Eier
5 EL Mandelblättchen
75 g Bergkäse
Butter für die Auflaufform
Salz, Pfeffer

ZUBEREITUNG

Den Brokkoli in Salzwasser etwa 5 Minuten garen, unter kaltem Wasser abschrecken und in kleine Stücke schneiden. In einer Pfanne die Mandeln goldbraun anrösten. Honig, Sahne und Eier verrühren und mit den Mandeln und dem Brokkoli vermengen. Den Käse reiben, unter die Masse heben und mit Salz und Pfeffer abschmecken. Die Souffléform mit Butter gut einfetten. Die Masse einfüllen und bei 140 °C im Backofen 20 Minuten garen. Noch warm aus der Form stürzen.

SCHWEINEFILET
IN KRÄUTERHÜLLE

ZUTATEN

500 g Schweinefilet
4 Thymianzweige
2 Rosmarinzweige
10 Salbeiblättchen
$^1/_2$ Bund Petersilie
Salz, Pfeffer, Muskatnuss
125 g Butter
Öl zum Braten
3 Wacholderbeeren
1 Knoblauchzehe

ZUBEREITUNG

Das Schweinefilet mit Pfeffer und etwas frisch geriebener Muskatnuss gut würzen und in einer Pfanne im heißen Öl rundherum scharf anbraten. Backofen auf 140 °C vorheizen. Das Filet auf ein Gitter im Backofen legen und etwa 20 Minuten garen. Die Wacholderbeeren leicht zerdrücken, die Knoblauchzehe halbieren und beides zusammen in der Butter leicht rösten. Vom Herd nehmen und ein paar Minuten ziehen lassen. Die Kräuter fein hacken. Butter mit den Aromaten durch ein feines Sieb geben und in einen tiefen Teller füllen. In einen anderen Teller die Kräuter geben. Das Schweinefilet zuerst durch die Butter und anschließend durch die Kräuter ziehen.

SCHALOTTENJUS

ZUTATEN

5 Schalotten
10 EL Balsamico-Essig
Grundsauce
1 Knoblauchzehe
Salz, Pfeffer
Öl zum Anbraten

ZUBEREITUNG

Die Schalotten schälen und länglich halbieren. In einem Topf das Öl
erhitzen und die Schalotten darin
gut anbraten. Mit Balsamico-Essig
ablöschen und einschmoren lassen.
Mit Grundsauce auffüllen, bis die gewünschte Konsistenz erreicht ist. Den
Knoblauch zusammen mit dem Salz
gut zerdrücken, hinzugeben und mit
Pfeffer und Salz abschmecken.

KRÄUTERJUS

ZUTATEN

3 Rosmarinzweige
3 Thymianzweige
10 Oreganoblättchen
5 Salbeiblätter
1 Knoblauchzehe
$\frac{1}{4}$ Zwiebel
$\frac{1}{2}$ l Grundsauce
1 EL Maisstärke
3 EL Wasser
Salz, Pfeffer
50 g Butter

ZUBEREITUNG

Rosmarin, Thymian, Oregano und
Salbei abzupfen. Die Zwiebel in kleine
Würfel schneiden. Knoblauchzehe
fein hacken. In einem Topf die Butter
zusammen mit den Kräutern, Knoblauch und Zwiebel anschwitzen. Ist
die Butter goldbraun, mit der Grundsauce auffüllen und aufkochen lassen.
Wasser und Stärke verrühren, in die
Kräutersauce unterrühren und weiter
bis zur gewünschten Konsistenz
köcheln lassen. Je nach Belieben mit
Salz und Pfeffer würzen.

BALSAMICOJUS

ZUTATEN

2 Zwiebeln
50 g Butter
$\frac{1}{2}$ l Balsamico-Essig
Salz, Pfeffer
2 Lorbeerblätter
3 Thymianzweige
4 Wacholderbeeren
$\frac{1}{4}$ l Grundsauce

ZUBEREITUNG

Die Zwiebeln in kleine Würfel schneiden und in einem Topf zusammen mit
der Butter anbraten. Mit Balsamico-
Essig ablöschen. Thymian, Wacholder
und Lorbeerblätter hinzugeben und
einkochen lassen, bis der Balsamico
leicht dickflüssig ist. Grundsauce
einrühren, erhitzen und mit einem Sieb
die Kräuter und Zwiebeln absieben.
Weitere 15 Minuten leicht köcheln
lassen und mit etwas Salz und Pfeffer
abschmecken.

SAUCEN

GRUNDSAUCE

ZUTATEN

1 Zwiebel
2 Karotten
1 Sellerieknolle
1 kg Schweineknochen
$^1\!/_2$ Knoblauchzehe
1 TL schwarze Pfefferkörner
4 Lorbeerblätter
80 g Tomatenmark
8 EL Öl
$^1\!/_2$ l Rotwein
4 l Wasser
Salz, Pfeffer

ZUBEREITUNG

Das Gemüse schälen und in grobe Stücke schneiden. Öl in einem großen Topf erhitzen, die Knochen darin anbraten, bis sie rundherum schön Farbe genommen haben. Das Gemüse untermengen. Wenn alles schön angebraten ist, Tomatenmark und die Gewürze hinzugeben. Mit dem Rotwein ablöschen. Sobald der Rotwein eingekocht ist, mit Wasser auffüllen und alles etwa 2,5 Stunden leicht köcheln lassen. Die Brühe durch ein feines Sieb passieren und auf die gewünschte Konzentration einkochen lassen. Je länger der Fond einkocht, desto geschmacksintensiver wird die Sauce.

BLAUKRAUTGEMÜSE

ZUTATEN

600 g Blaukraut
200 g Preiselbeermarmelade
¼ l Apfelsaft
2 Lorbeerblätter
2 Zwiebeln
100 g Schmalz
¼ l Rotwein
Zucker, Zimt
Salz, Pfeffer
5 Nelken

ZUBEREITUNG

Die Zwiebeln und das Blaukraut in feine Streifen schneiden. In einer Schüssel die Preiselbeermarmelade, Apfelsaft, Kraut, Zwiebeln, Nelken und Lorbeerblätter gut vermischen und eine Nacht zugedeckt ziehen lassen. Schmalz in einem Topf erhitzen, die gut durchgezogene Masse hinzugeben und mit dem Rotwein auffüllen. Alles langsam einschmoren lassen, bis das Kraut weich ist. Zum Schluss je nach Geschmack mit Zucker, Zimt, Salz und Pfeffer abschmecken.

BRATÄPFEL

ZUTATEN

4 Äpfel (Topaz oder Royal Gala)
50 g Marzipan
50 g Mandeln
40 g Rosinen
6 EL Sahne

ZUBEREITUNG

Backofen auf 160° vorheizen. Bei den Äpfeln das Kerngehäuse herausschneiden. Mandeln in beschichteter Pfanne ohne Fett anrösten. Marzipan mit Mandeln, Rosinen und Sahne vermengen und einige Minuten ruhen lassen. Die Äpfel mit der Masse füllen und etwa 40 Minuten braten, bis die Schale leicht aufplatzt.

ROSENKOHL

ZUTATEN

400 g Rosenkohl
50 g geräucherter Bauchspeck
1½ EL Butter
¼ Zwiebel

ZUBEREITUNG

Rosenkohl in Salzwasser kochen, bis er weich ist. In einer Pfanne die Butter goldbraun schmelzen. Speck und Zwiebel würfeln, hinzugeben und auslassen. Rosenkohl darin gut schwenken und mit Salz und Pfeffer abschmecken.

MIT ROSMARIN-HONIG GEBRATENE ENTENBRUST

ZUTATEN

300 g Entenbrust
2$^1/_2$ EL Butter
2 Rosmarinzweige
4 EL Honig
Salz, Pfeffer

ZUBEREITUNG

Backofen auf 160° vorheizen. Die Haut der Entenbrust rautenförmig einschneiden und kräftig mit Salz und Pfeffer würzen. Rosmarin vom Zweig entfernen und die Nadeln sehr fein hacken. Butter in einer Pfanne erhitzen und die Entenbrust mit der Fleischseite nach unten in die Pfanne legen und gut anbraten und herausnehmen.

Honig und Rosmarin in die Pfanne geben und erwärmen, bis der Honig geschmolzen ist. Entenbrust mit der Hautseite nach unten in die Pfanne legen und in dem Honig-Rosmarin gut anbraten. Herausnehmen, auf einen Bratrost legen und auf mittlerer Schiene etwa 15 Minuten garen.

KRÄUTER-KNÖDELSCHEIBEN

ZUTATEN

250 g Brot
1 Bund Petersilie
1/2 Bund Schnittlauch
10 Salbeiblättchen
2 Rosmarinzweige
3 Dillzweige
3 Eier
200 ml Milch
Butter zum Braten
Salz, Pfeffer

ZUBEREITUNG

Das Brot in kleine Würfel schneiden. Die Kräuter fein hacken und zum Brot geben. Die Milch erhitzen, über das Brot gießen und alles gut vermengen. Die Eier zur Masse geben, verrühren und mit Salz und Pfeffer abschmecken. Aus dem Knödelteig eine Rolle formen, diese auf eine Klarsichtfolie legen, fest einrollen und mit Alufolie straff einpacken. Im siedenden Wasser 45 Minuten garen lassen. Rolle herausnehmen, auspacken, auskühlen lassen und Scheiben schneiden. Butter in einer Pfanne erhitzen und die Knödel von allen Seiten goldbraun anbraten.

SESAM-SCHUPFNUDELN

ZUTATEN

400 g Kartoffeln
120 g Mehl
2 Eier
40 g Sesam
Butter zum Braten
Salz, Pfeffer

ZUBEREITUNG

Kartoffeln in Salzwasser weich kochen, ausdämpfen lassen, schälen und durch die Kartoffelpresse drücken. In einer Schüssel Mehl, Eier, Sesam und Kartoffeln vermengen und mit Salz und Pfeffer abschmecken. Danach mit beiden flachen Händen die Schupfnudeln in die gewünschte Form abdrehen und in kochendem Salzwasser garen. Mit dem Schaumlöffel die an der Oberfläche schwimmenden Nudeln herausnehmen und abtrocknen lassen. Butter in einer Pfanne zerlassen und die Schupfnudeln darin goldbraun anbraten.

ERBSEN-SALBEI-PÜREE

ZUTATEN

600 g Erbsen
20 g Meerrettich
200 g Butter
1 Bund Salbei
Etwas Honig
Salz, Pfeffer

ZUBEREITUNG

Die Erbsen etwa 2 Minuten in kochendem Salzwasser garen. Salbeiblätter abzupfen und zusammen mit der Butter in einer Pfanne anschwitzen. Erbsen in einen Topf geben, die Salbeibutter darübergießen, Meerrettich hinzugeben und mit dem Stabmixer grob mixen. Mit Salz, Pfeffer und Honig abschmecken.

STEAK VOM RINDERRÜCKEN

ZUTATEN

4 Rinderrücken à 200 g
Öl zum Braten
Salz, Pfeffer

ZUBEREITUNG

Den Backofen auf 160 °C Umluft vorheizen. Den Rinderrücken mit Salz und Pfeffer würzen und in einer Pfanne im heißen Öl kurz von allen Seiten anbraten. Anschließend auf ein Ofengitter legen und etwa 15 Minuten im Backofen garen. Danach den Ofen für 3 Minuten öffnen, wieder schließen und mit der Resthitze den Rinderrücken weitere 5 Minuten ziehen lassen.

TOMATENAUFSTRICH

ZUTATEN

250 g Butter
100 g Tomatenmark
$\frac{1}{4}$ Zwiebel
Salz, Pfeffer
3 Essiggurken
1 EL Zitronensaft
$\frac{1}{2}$ Knoblauchzehe

ZUBEREITUNG

Butter schaumig schlagen und mit dem Tomatenmark vermengen. Essiggurken mit einer Küchenreibe fein raspeln und unterheben. Knoblauch mit dem Messer fein hacken. Zwiebel in Würfel schneiden und zusammen mit dem Knoblauch zur Butter geben. Alles zusammen in der Küchenmaschine oder mit dem Rührgerät nochmals gut verrühren und mit Zitronensaft, Salz und Pfeffer abschmecken.

GRÜNKERNAUFSTRICH

ZUTATEN

100 g Grürkern
200 ml Wasser
250 g Butter
3 EL Weißweinessig
1 Knoblauchzehe
Salz, Pfeffer

ZUBEREITUNG

Grünkern fein mahlen und mit dem Wasser bei niedriger Hitze unter ständigem Rühren etwa 2 Minuten köcheln lassen. Anschließend im Kühlschrank abkühlen lassen. Die Butter schaumig schlagen und Grünkern untermengen. Den Knoblauch fein zerdrücken und mit dem Essig in die Butter-Grünkern-Masse geben. Zum Schluss je nach Belieben mit Salz und Pfeffer würzen.

CURRY-APFEL AUFSTRICH

ZUTATEN

250 g Butter
2 TL Curry
1 Msp. Kurkuma
2 mittelgroße Äpfel
Salz, Pfeffer
1 TL Ahornsirup
Saft einer $\frac{1}{2}$ Zitrone

ZUBEREITUNG

Butter mit den Gewürzen schaumig rühren. Äpfel schälen, vierteln, Kerngehäuse herausschneiden und raspeln. Ahornsirup, Zitronensaft und geraspelten Apfel gut vermengen, zur Butter geben und mit Salz und Pfeffer abschmecken.

KRÄUTERBUTTER

ZUTATEN

250 g Butter
1 Bund Petersilie
30 g Kräuter, z. B. Rosmarin und Thymian
1 Knoblauchzehe
Salz, Pfeffer

ZUBEREITUNG

Butter schaumig rühren, Kräuter, Petersilie
und Knoblauch sehr fein hacken und mit der
Butter vermengen. Je nach Belieben mit Salz
und Pfeffer abschmecken.

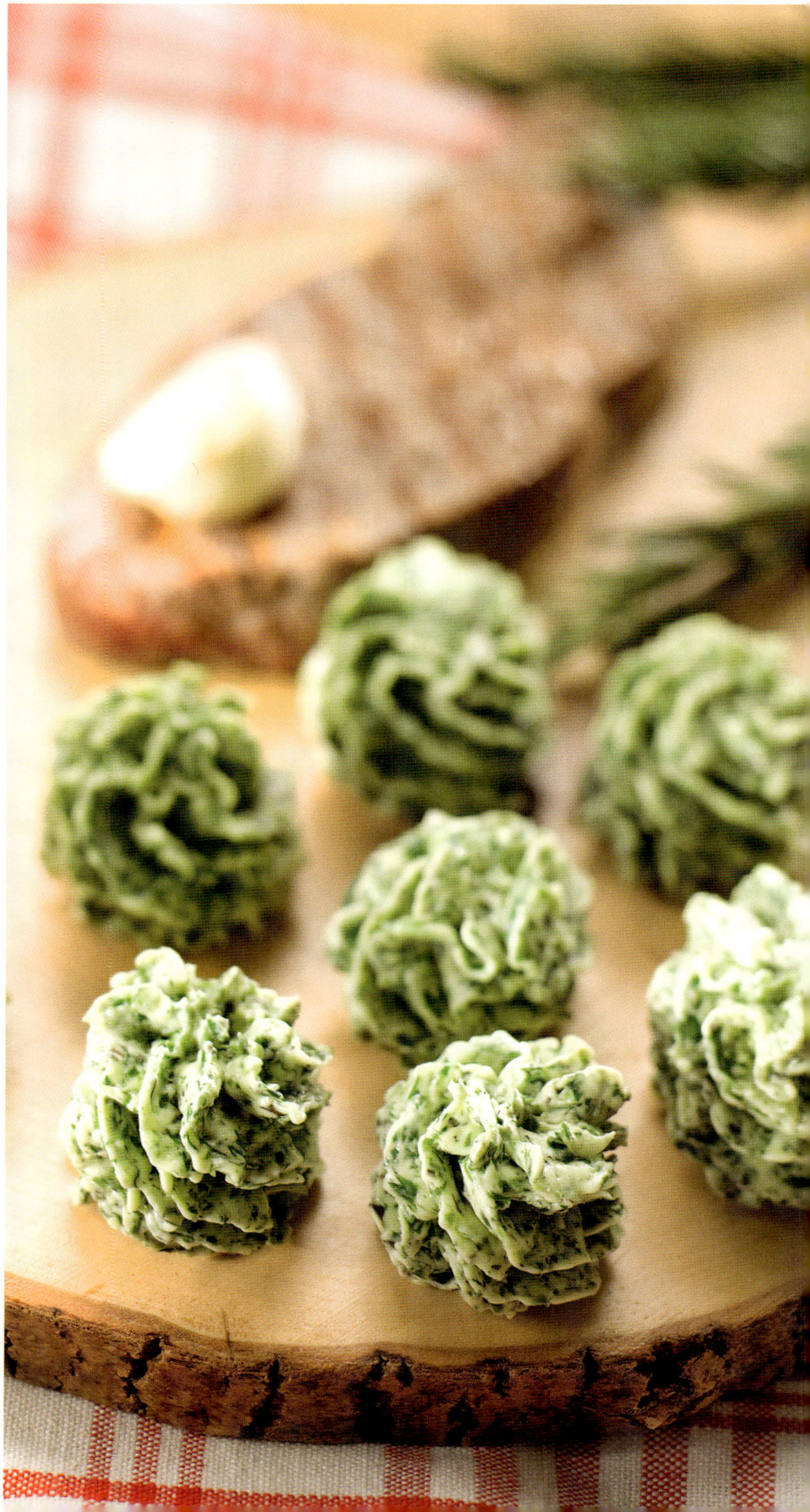

GEMÜSEBRÜHE

ZUTATEN

1 Stange Lauch
2 Karotten
1 Sellerieknolle
2 Zwiebeln
2 l Wasser
2 EL weiße Pfefferkörner
1 EL Wacholderbeeren
4 Lorbeerblätter

ZUBEREITUNG

Das Gemüse schälen, in grobe Stücke
schneiden und in einen Topf mit kaltem Wasser geben. Die Gewürze einrühren. Aufkochen
lassen und die Brühe etwa 2 Stunden auf
niedriger Hitze köcheln lassen. Zum Schluss
durch ein Geschirrtuch passieren.

PFIRSICH-ANANASSALBEI-KOMPOTT

ZUTATEN

250 g Pfirsiche
30 g Zucker
15 Blatt Ananassalbei
13 EL Orangensaft

ZUBEREITUNG

Pfirsiche entsteinen und in kleine Würfel schneiden. Zucker bei starker Hitze unter ständigem Rühren schmelzen und bräunen, also karamellisieren. Ananassalbei klein zupfen und mit den Pfirsichstücken zum Zucker geben. Mit Orangensaft ablöschen und einkochen lassen.

APFEL-ZITRONEN-KOMPOTT

ZUTATEN

2 Äpfel
30 g Honig
Schale von einer Zitrone
1 EL Apfelsaft

ZUBEREITUNG

Die Äpfel vierteln, schälen, Kerngehäuse entfernen und in Streifen schneiden. Apfelsaft in einem Topf erhitzen, Apfelstreifen und die geriebene Zitronenschale hinzugeben. Je nach Geschmack auch etwas Zitronensaft. Mit Honig noch etwas verfeinern.

BROMBEER-AHORN-KOMPOTT

ZUTATEN

250 g Brombeeren
2 EL Butter
10 EL Sauerkirschsaft
10 EL Ahornsirup

ZUBEREITUNG

Butter in einem Topf schmelzen und die Brombeeren hinzugeben. Den Sauerkirschsaft darübergießen und einkochen lassen. Zum Schluss den Ahornsirup untermengen.

MILCHREIS

ZUTATEN

600 g Milch
150 g Milchreis
10 EL Rohrzucker
$^1/_2$ TL Bourbon-Vanillepulver

ZUBEREITUNG

Rohrzucker, Bourbon-Vanillepulver und Milch
zusammen in einem Topf aufkochen. Den
Milchreis in einen Topf mit Deckel geben.
Sobald die Milch kocht, diese heiß über den
Milchreis gießen und zugedeckt etwa
45 Minuten ziehen lassen. Vor dem Wiederer-
wärmen mit dem Löffel auflockern.

DAMPFNUDELN

ZUTATEN

500 g Mehl
40 g Trockenhefe
275 ml Milch
2 Eigelb
2 EL Rohrzucker
Salz, Pfeffer
100 g Butter
150 ml Milch
Butter zum Einfetten

ZUBEREITUNG

Mehl sieben, Hefe und Salz daruntermischen.
Die Milch erwärmen. Butter schmelzen und
mit der Milch zum Mehl geben. Den Hefeteig
gut verkneten und bei Zimmertemperatur
etwa 25 Minuten zugedeckt ruhen lassen.
Anschließend Eigelbe und Rohrzucker mit
dem Teig vermengen. Davon Kugeln abdrehen
und diese weitere 15 Minuten auf einem Blech
ruhen lassen. Einen großen Topf gut einfetten,
Milch einfüllen, die Dampfnudeln hineinsetzen
und bei niedriger Hitze 20 Minuten zugedeckt
ziehen lassen.

ROSENBLÜTEN-SIRUP

ZUTATEN

1 l Wasser
1 kg Rohrzucker
25 Rosenblütenblätter

ZUBEREITUNG

Alles zusammen bis auf die Hälfte so lange einkochen lassen, bis der Sirup dickflüssig ist.

MINZE-SIRUP

ZUTATEN

1 l Wasser
1 kg Rohrzucker
1 Bund Minze

ZUBEREITUNG

Alles zusammen bis auf die Hälfte in einem Topf so lange einkochen lassen, bis der Sirup dickflüssig ist.

LAVENDEL-SIRUP

ZUTATEN

1 l Wasser
1 kg Rohrzucker
4 Lavendelzweige mit Blüten

ZUBEREITUNG

Alles zusammen bis auf die Hälfte in einem Topf solange einkochen lassen, bis der Sirup dickflüssig ist.

CRÈME BRÛLÉE

ZUTATEN

$^1/_2$ l Sahne
20 EL Milch
6 Eigelb
60 g feiner Rohrzucker
1 Vanilleschote
1 Prise Salz
4 TL Rohrzucker zum Karamellisieren

ZUBEREITUNG

Den Backofen auf 110 °C vorheizen. Die Vanilleschote längs aufschneiden und auskratzen. Vanillemark, Milch, Eigelbe, Zucker, Sahne und Salz mit dem Pürierstab in einem hohen Gefäß fein mixen und anschließend mindestens 30 Minuten im Kühlschrank ziehen lassen. Die gekühlte Crème durch ein feines Sieb in 4 Förmchen oder Suppenteller füllen und im vorgeheizten Backofen etwa 70 Minuten stocken lassen. Crème erkalten lassen (am besten über Nacht im Kühlschrank).Die erkaltete Crème mit Zucker bestreuen und mit dem Gourmet-Brenner karamellisieren.

Es geht allerdings auch ohne Brenner: Dafür die Crème mit Rohrzucker bestreuen und möglichst dicht unter den Grill in den Backofen stellen. Sobald sich der Zucker in eine schöne, braune Karamellkruste verwandelt hat, die Förmchen aus dem Ofen nehmen.

FRISCHKÄSE-CHORIZOCREME

ZUTATEN

75 g Chorizo
(spanische Paprikawurst)
250 g Frischkäse
100 ml Milch
2 Rosmarinzweige
Salz, Pfeffer

ZUBEREITUNG

Die Chorizo in feine Würfel schneiden und den Rosmarin fein hacken. Frischkäse, Chorizo, Rosmarin und die Milch in eine Schüssel geben und gut verrühren. Je nach Belieben noch mit Salz und Pfeffer verfeinern.

CASHEWKERN-HONIG-MANDELCREME

ZUTATEN

50 g Mandeln
100 g Cashewkerne
100 g Honig
5 EL Milch
Sonnenblumenöl zum Braten

ZUBEREITUNG

Die Mandeln in einer Pfanne im heißen Sonnenblumenöl goldbraun anrösten. Die Cashewkerne sehr fein hacken oder mixen. Cashewkerne, Mandeln, Honig und Milch in eine Schüssel geben und gut vermischen.

ZWETSCHGEN-ZIMTRAGOUT

ZUTATEN

250 g Zwetschgen
50 g Butter
1 TL Zimt
Rohrzucker

ZUBEREITUNG

Die Zwetschgen entsteinen und halbieren. In einem Topf die Butter mit dem Zimt erwärmen. Zwetschgen hinzugeben und bei niedriger Hitze etwa 5 Minuten schmoren lassen. Zum Schluss mit dem Rohrzucker verfeinern.

PFANNENKUCHEN

ZUTATEN

250 g Mehl
3 Eier
500 ml Milch
Rohrzucker oder Salz
Öl zum Anbraten

ZUBEREITUNG

Mehl, Milch und Eier in einer Schüssel verrühren. Je nach Wunsch mit Rohrzucker oder
Salz abschmecken. Öl in einer Pfanne erhitzen
und den Teig mit einer Schöpfkelle dünn einfüllen. Den Pfannenkuchen von beiden Seiten
goldbraun anbraten.

HONIGPARFAIT

ZUTATEN

6 EL Honig
2 Eigelb
2 TL Wasser
3 EL Eierlikör
100 g geschlagene Sahne

ZUBEREITUNG

Honig mit dem Wasser aufkochen. Eigelbe in eine Schüssel geben und mit dem Handrührgerät anschlagen. Das Honigwasser nach und nach zum Eigelb geben und so lange rühren, bis es erkaltet ist. Den Likör unterrühren. Zum Schluss die geschlagene Sahne vorsichtig unterheben. In eine Form abfüllen und mindestens 12 Stunden tiefkühlen.

APRIKOSE-LAVENDEL

ZUTATEN

500 g Aprikosen
5 EL Butter
1 Lavendelzweig
Ahornsirup

ZUBEREITUNG

Den Lavendel zupfen. Die Aprikosen entsteinen und in gleichmäßige Stücke schneiden. In einem Topf die Butter zusammen mit dem Lavendel erhitzen, die Aprikosenstücke dazugeben und etwa 5 Minuten bei kleiner Hitze schmoren lassen. Zum Schluss je nach Belieben etwas Ahornsirup unterrühren.

MIRABELLEN-ORANGE

ZUTATEN

500 g Mirabellen
$\frac{1}{4}$ l Orangensaft
10 EL Butter
Ahornsirup

ZUBEREITUNG

Die Mirabellen halbieren, entsteinen und mit der Butter in einem Topf schmoren lassen. Mit dem Orangensaft auffüllen und alles zusammen einkochen. Zum Schluss mit etwas Ahornsirup abschmecken.

MARINIERTE BEEREN

ZUTATEN

300 g verschiedene Beeren,
z. B. Brombeeren, Heidelbeeren,
Erdbeeren, Himbeeren
$\frac{1}{4}$ Bund Minzblätter
15 EL Sauerkirschsaft
Rohrzucker
10 EL Maisstärke

ZUBEREITUNG

Die Beeren waschen. Einen Teil des Sauerkirschsaftes mit der Maisstärke anrühren, den Rest Sauerkirschsaft aufkochen und die Stärke einrühren. Einmal aufkochen und kurz abkühlen lassen. Die Beeren vorsichtig unter den Sauerkirschsaft heben und zum Schluss mit Zucker verfeinern.

MARONENMOUSSE

ZUTATEN

5 EL Milch
100 g Maronen (Esskastanien), vorgegart
3 Eiweiß
3 EL Rohrzucker
50 g geschlagene Sahne

ZUBEREITUNG

Die Maronen mit der Milch aufkochen, fein mixen und kühl stellen. Eiweiße und Rohrzucker schaumig schlagen. Sobald die gekühlte Maronenmasse leicht fest ist, Eiweiß-Zucker-Masse und die geschlagene Sahne unterheben. Die Mousse wieder kühl stellen.

SAUERKIRSCH-LAVENDEL-ESTRAGON

ZUTATEN

250 g Sauerkirschen
13 EL Sauerkirschsaft
1 EL Maisstärke
2 EL Rohrzucker
2 Estragonzweige
1 Lavendelzweig

ZUBEREITUNG

6 EL des Sauerkirschsafts in einer kleinen Schüssel mit der Maisstärke anrühren. Den restlichen Saft in einem kleinen Topf aufkochen und mit der Stärke andicken. Lavendel und Estragon zupfen und zusammen mit dem Zucker unter den sämigen Kirschsaft mischen. Zum Schluss die Sauerkirschen unterheben.

WEISSES SCHOKOLADEN-MINZE-MOUSSE

ZUTATEN

25 g Rohrzucker
4 EL Wasser
2 Eier
50 g weiße Kuvertüre
1 Blatt Gelatine
2 EL Eierlikör
14 EL Sahne
$1/2$ Bund Minze

ZUBEREITUNG

Den Zucker zusammen mit dem Wasser aufkochen. Die Eier in eine Schüssel geben und mit dem Handrührgerät aufschlagen. Sobald das Zuckerwasser kocht, dieses vorsichtig in die Ei-Masse geben und mit dem Handrührgerät weiter schlagen, bis die Flüssigkeit an Volumen gewinnt und erkaltet ist. Die Kuvertüre klein schneiden und im Wasserbad schmelzen. Gelatine in kaltem Wasser einweichen. Minze in feine Streifen schneiden. Sahne schaumig schlagen. Von der Ei-Zuckerwasser-Masse eine kleine Menge mit der zuvor ausgedrückten Gelatine in einem Topf erwärmen. Sobald sich die Gelatine aufgelöst hat, alles in eine Schüssel umfüllen, und die restliche Ei-Zuckerwasser-Masse nach und nach einrühren. Die Kuvertüre und den Eierlikör unterrühren, die Minze dazugeben und die geschlagene Sahne vorsichtig mit dem Teigschaber einarbeiten. Die Mousse für ein paar Stunden kühlen.

VANILLE-BISKUIT

ZUTATEN

40 g Zucker
1 EL Wasser
1 Ei
50 g Mehl
$^1/_2$ TL Backpulver

ZUBEREITUNG

Den Zucker mit einem Esslöffel Wasser aufkochen. Das Ei in eine Schüssel geben und mit dem Handrührgerät anschlagen. Das heiße Zuckerwasser nach und nach einrühren. Die Zucker-Ei-Masse so lange mit dem Rührgerät schlagen, bis diese kalt ist und an Volumen gewonnen hat. Mehl und Backpulver vorsichtig unterheben.
Den Backofen auf 150 °C vorheizen. Ein Backblech mit Backpapier auslegen, den Teig darauf verteilen und etwa 13 Minuten backen. Biskuit im warmen Zustand vom Backpapier lösen und auf ein Geschirtuch legen. Ein zweites Geschirrtuch auf den Biskuit legen, damit er nicht austrocknet. Kurz vor dem Servieren in die gewünschte Form schneiden.

RHABARBER-APFEL-INGWER

ZUTATEN

250 g Rhabarber
6 g Ingwer
40 g Honig
13 EL Apfelsaft
$^1/_4$ Apfel (Royal Gala oder Topaz)

ZUBEREITUNG

Den Rhabarber schälen und in feine Streifen schneiden. Ingwer und Apfel ebenfalls schälen und auf einer Küchenreibe fein reiben. Honig in einem Topf erhitzen und Apfel, Ingwer und Rhabarber untermischen. Mit Apfelsaft ablöschen und einkochen lassen.

VANILLESAUCE

ZUTATEN

3 Eigelb
4 EL Rohrzucker
4 EL Vanillezucker
20 g Maisstärke
1 Vanillestange
400 ml Milch

ZUBEREITUNG

Eigelbe, Rohrzucker, Vanillezucker und Maisstärke in einem Topf verrühren. Vanilleschote längs aufschneiden, auskratzen und das Mark untermischen. Die Hälfte der Milch einrühren und bei mittlerer Hitze unter ständigem Rühren zum Kochen bringen. Die restliche Milch hinzugeben und wieder zum Kochen bringen. Vom Herd nehmen und servieren.

ERDBEEREIS

ZUTATEN

2 Eigelb
60 g Zucker
75 ml Milch
75 ml Sahne
125 g Erdbeeren
1 EL Vanillezucker
1 EL Kräuterlikör oder Kräutersirup

ZUBEREITUNG

Die Eigelbe mit dem Zucker schaumig schlagen. Milch zusammen mit der Sahne aufkochen, und nach und nach in die Ei-Masse geben. Die Masse solange rühren, bis sie kalt ist. Die Erdbeeren klein schneiden und mit dem Vanillezucker, dem Likör oder Sirup im Mixer oder mit dem Pürierstab fein mixen und unter die Masse heben. Diese mindestens für 4 Stunden in den Gefrierschrank stellen. Eine halbe Stunde vor dem Servieren herausnehmen.

RUMBEEREN

ZUTATEN

$1/4$ l Sauerkirschsaft
4 EL Maisstärke
400 g verschiedene Beeren
(Erdbeeren, Himbeeren, Brombeeren)
50 g Rohrzucker
10 EL Rum
1 Vanillestange

ZUBEREITUNG

Sauerkirschsaft mit Maisstärke verrühren. In einen Topf füllen und unter ständigem Rühren heiß werden lassen. Vom Herd ziehen und die Beeren, Rum, Rohrzucker, das Mark der Vanillestange samt der Stange hinzugeben und gut umrühren.

APFELKÜCHLE

ZUTATEN

2 Äpfel
100 g Mehl
1 Ei
1 Prise Salz
75 ml Milch
$\frac{1}{2}$ l Öl zum Ausbacken der Apfelküchle
3 EL Rohrzucker
Vanillezucker

ZUBEREITUNG

Äpfel schälen und das Kerngehäuse herausschneiden. Mehl, Ei, Salz und Milch glatt rühren. Die Äpfel in Scheiben schneiden und mit dem Vanillezucker bestreuen. Das Öl in einen Topf geben und erhitzen. Die Apfelscheiben durch den Teig ziehen und anschließend im Öl goldbraun ausbacken.

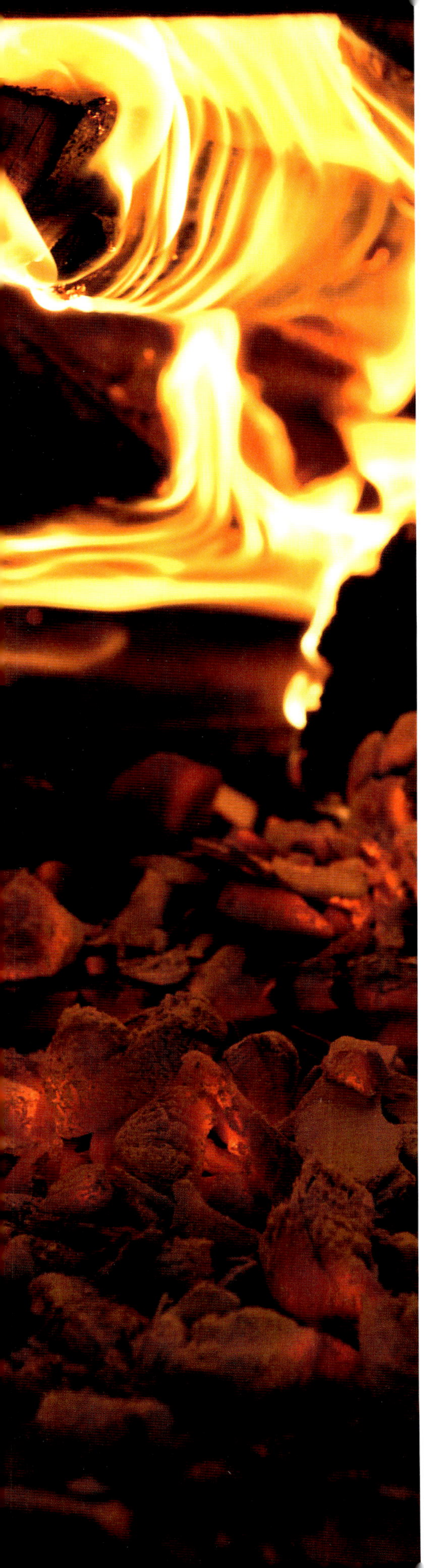
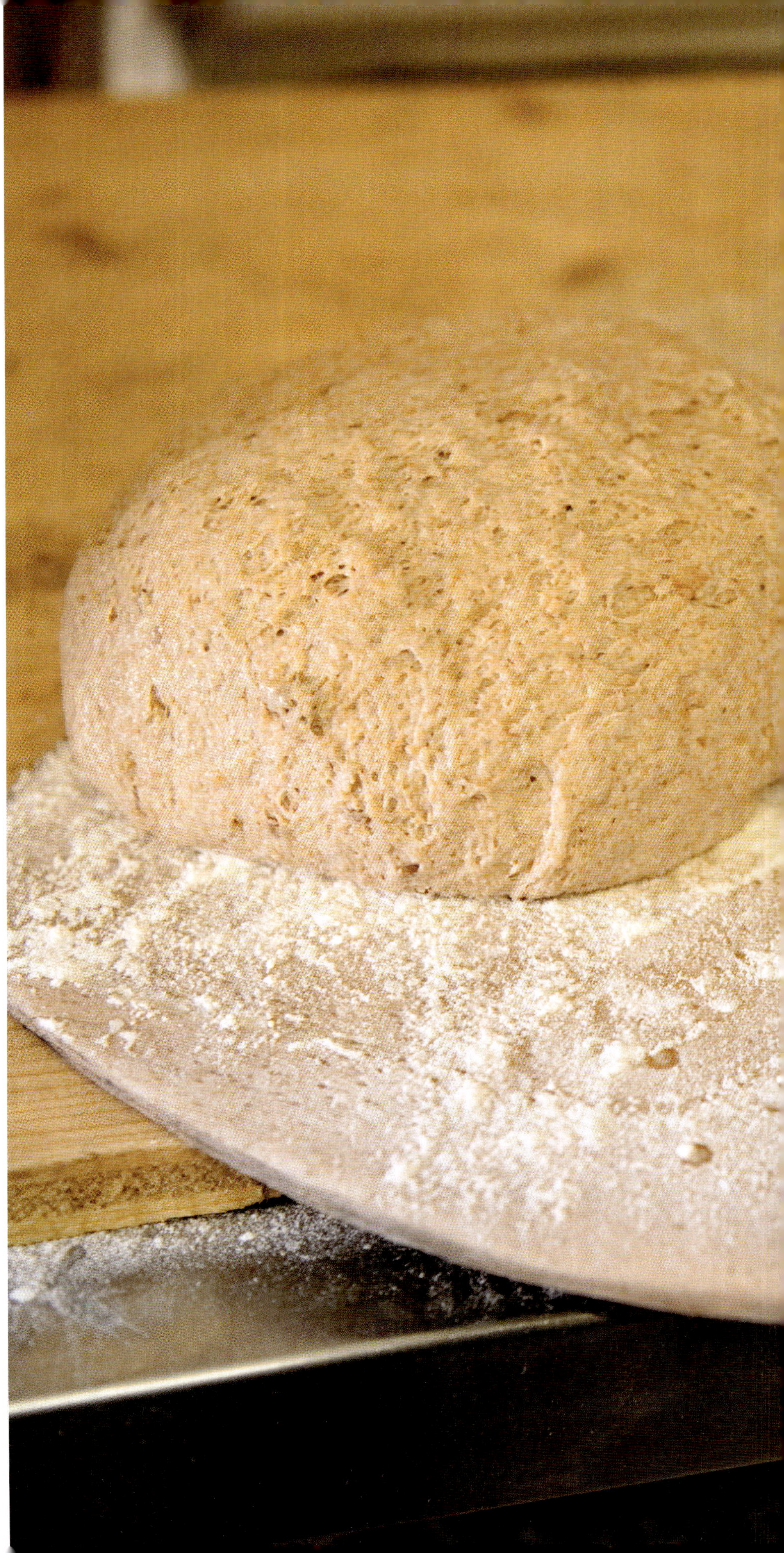

BAUERNBROT

ZUTATEN

1 kg Mehl Typ 1050
20 g frische Hefe
2 EL Salz
$^1/_4$ l lauwarmes Wasser
1 Prise Zucker

ZUBEREITUNG

Backofen auf 220 °C vorheizen. Das lauwarme Wasser mit der Hefe verrühren und mit dem Zucker in die Mehlmulde geben. Daraus einen Vorteig kneten und etwa $^1/_2$ Stunde zugedeckt gehen lassen. Anschließend mit dem Salz zu einem festen Teig kneten, einen schönen Brotlaib daraus formen und etwa 1 Stunde backen.

MARMELADEN

ZWETSCHGENMARMELADE

ZUTATEN

1 kg Zwetschgen
500 g Gelierzucker 2:1
$^1/_2$ TL Zimt

ZUBEREITUNG

Zwetschgen mit dem Gelierzucker und dem Zimt in einem Topf
3-4 Minuten kochen lassen und mit dem Pürierstab zerkleinern. Anschließend in die gewünschten Gläser abfüllen.

QUITTEN-WACHOLDERGELEE

ZUTATEN

500 ml Quittensaft
100 ml frisch gepresster Zitronensaft
375 g Gelierzucker 2:1
2 Msp. gemahlenen Wacholder

ZUBEREITUNG

Quittensaft, Gelierzucker und Zitronensaft bei mittlerer Hitze
3 - 4 Minuten kochen. Anschließend den Wacholder hinzugeben, mit einem Schneebesen verrühren und in Gläser abfüllen.

ERDBEER-INGWER MARMELADE

ZUTATEN

1 kg Erdbeeren
500 g Gelierzucker 2:1
50 g Ingwer

ZUBEREITUNG

Die Erdbeeren waschen und in grobe Stücke schneiden. Den Ingwer mit dem Messer schälen und in kleine Würfel schneiden. Anschließend alles zusammen in einen Topf geben und bei mittlerer Hitze 3 - 4 Minuten kochen lassen. Mit einem Stabmixer die Erdbeeren kurz mixen und anschließend in die gewünschten Gläser abfüllen.

HIMBEER-BANANENMARMELADE

ZUTATEN

500 g Himbeeren
500 g Bananen
500 g Gelierzucker 2:1
geriebene Schale einer $\frac{1}{2}$ Zitrone

ZUBEREITUNG

Himbeeren und Bananen mit der geriebenen Zitronenschale und dem Gelierzucker in einem Topf bei mittlerer Hitze 3 - 4 Minuten köcheln lassen und anschließend in die gewünschten Gläser abfüllen.

EIERLIKÖR

ZUTATEN

6 Eigelb
125 g Rohrzucker
1 Vanillestange
300 ml Schlagsahne
200 ml Kirschwasser

ZUBEREITUNG

Vanillestange auskratzen. Eigelbe, Rohrzucker
und Vanillemark schaumig schlagen. Langsam und unter ständigem Rühren die Sahne
hinzugeben. Zum Schluss das Kirschwasser
einrühren und 24 Stunden kühlstellen, damit
der Eierlikör „reifen" kann.

Wichtig: Nur frische Eier verwenden.

KUCHEN

KÄSEKUCHEN

ZUTATEN

Für den Teig
250 g Mehl
1 Prise Salz
1 Msp. Backpulver
125 g Butter
60 g Zucker

Für die Masse
250 g Butter
250 g Zucker
9 Eigelb
9 Eiweiß
1 kg Quark
1Msp. Vanillezucker
geriebene Schale einer Zitrone
1EL Maisstärke

ZUBEREITUNG

Mehl, Backpulver, Zucker, Salz und Butter gut verkneten und den Teig eine Stunde kühl stellen. Danach ausrollen und in die Springform geben. Backofen auf 140 °C vorheizen.

Butter und Zucker schaumig schlagen. Eigelbe, geriebene Zitronenschale, Vanille und Quark untermengen. Das Eiweiß steif schlagen und unterheben. Die Masse auf den Teig in die Springform geben und etwa eine Stunde backen. Den Backofen dabei nicht öffnen.

TROLLINGERKUCHEN

ZUTATEN

300 g Butter
300 g Zucker
4 Eier
1 Päckchen Vanillezucker
1TL Zimt
1TL Kakao
100 g geriebene bittere Schokolade
350 g Mehl
$^1/_8$ l Rotwein
$^1/_2$ Päckchen Backpulver
2 Becher Sahne

ZUBEREITUNG

Butter und Zucker schaumig rühren. Danach die Eier dazugeben und weiterrühren, bis die Masse schaumig ist. Vanillezucker, Kakao, Zimt und geriebene Schokolade unterheben. Mehl, Backpulver und Rotwein unterrühren. Backofen auf 180 °C vorheizen. Eine Gugelhupfform mit Butter und Semmelbrösel einreiben. Den Teig in die Form füllen und 40 Minuten backen.

HIMBEERROULADE

ZUTATEN

250 g frische Himbeeren
8 Eier
100 g Zucker
80 g Mehl
20 g Speisestärke
1/2 Becher Sahne
250 g Speisequark
100 g Zucker
Backpapier

ZUBEREITUNG

Ein Backblech mit Backpapier auslegen und den Backofen auf 180 °C vorheizen. Die Eigelbe mit der Hälfte des Zuckers schaumig rühren. Eiweiß mit dem restlichen Zucker steif schlagen und unter die Eigelbmasse heben. Das Mehl mit der Speisestärke darübersieben und unterziehen. Den Teig gleichmäßig auf das Backpapier streichen und auf der mittleren Schiene 10 Minuten backen. Den Biskuit auf ein mit Zucker bestreutes Tuch stürzen, mit einem angefeuchteten Tuch bedecken und erkalten lassen. Das Backpapier abziehen.
Etwa 200 g Himbeeren mit einer Gabel zerdrücken. Die Sahne steif schlagen, mit dem Zucker verrühren, den Quark hinzugeben, und mit den Himbeeren mischen. Den Biskuit mit dem Himbeerquark bestreichen und aufrollen. Einen kleinen Rest aufheben und auf die gewickelte Roulade spritzen und mit den Himbeeren dekorieren.

FEUERWEHRKUCHEN

ZUTATEN

Für den Mürbteig
250 g Mehl
80 g Zucker
1 Päckchen Vanillezucker
125 g Butter oder Margarine
1 Ei
2 EL Milch
1 Prise Salz
1 TL Backpulver

Für die Masse
1 Glas abgetropfte Sauerkirschen
1/4 l Saft aus dem Glas der Sauerkirschen
1 Päckchen Speisestärke
2 EL Zucker
1 Vanillestange

Für die Streusel
100 g Butter
75 g Zucker
100 g gemahlene Nüsse
1 EL Rum
Etwas Zimt

ZUBEREITUNG

Mehl, Zucker, Vanillezucker, Butter, Ei, Milch, Salz, Backpulver zu einem glatten Teig kneten und in Klarsichtfolie eine Stunde im Kühlschrank ruhen lassen.

Den aufgefangenen Saft der Sauerkirschen, Speisestärke und Zucker zu einem Pudding kochen.
Die abgetropften Sauerkirschen unter den Pudding heben. Backofen auf 180 °C vorheizen.
Mürbteig ausrollen und in die Springform legen. Die Streuselzutaten werden in einer Rührschüssel mit dem Rührgerät zu Streuseln in der gewünschten Größe verarbeitet. Den Kirschpudding auf den Mürbteigboden streichen, die Streusel darüberstreuen und etwa eine Stunde backen.

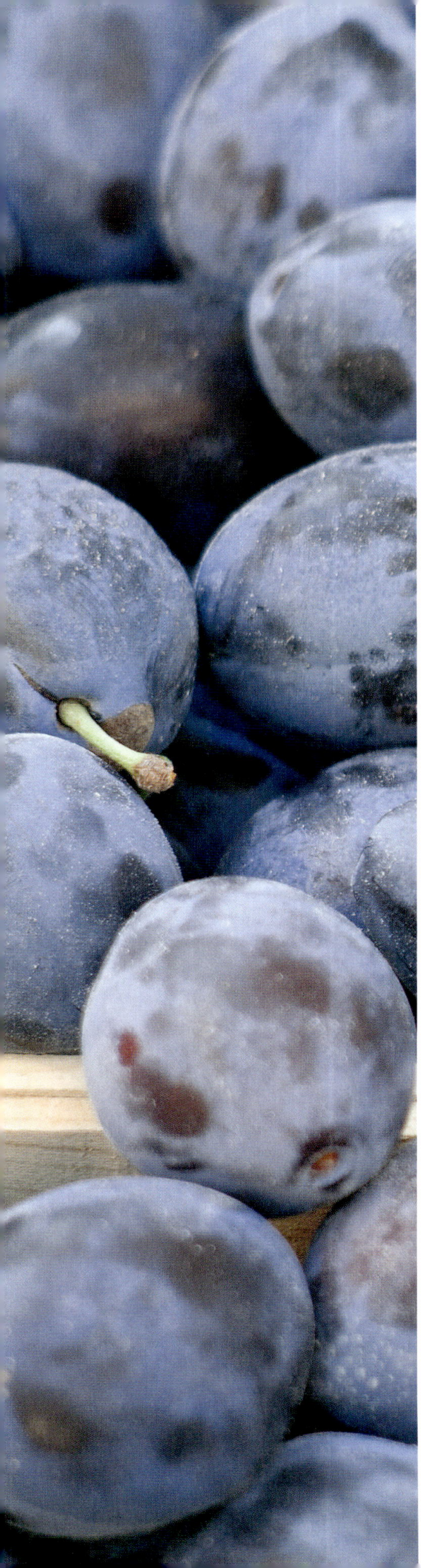
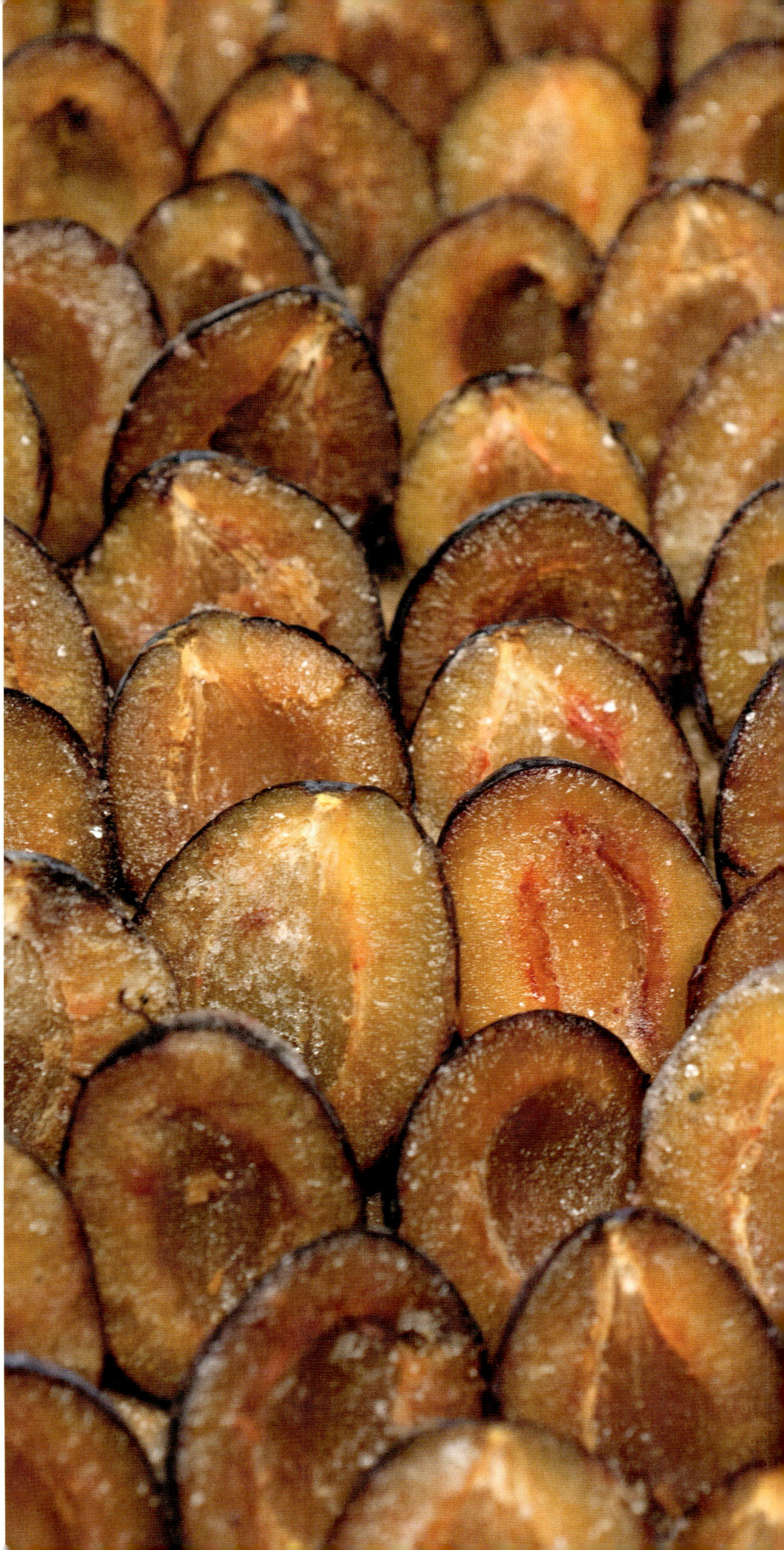

VOLLWERTIGER ZWETSCHGENKUCHEN

ZUTATEN

250 g Butter
200 g Akazienhonig
5 Eier
200 g frisch gemahlenen Dinkel
1 TL Backpulver
3 EL Kakaopulver
Butter zum Fetten

Für den Guss
4 Eier
100 g Schokopuddingpulver
200 g Honig
300 g saure Sahne
1 kg Zwetschgen

ZUBEREITUNG

Butter mit dem Rührgerät schaumig schlagen. Akazienhonig, Eier, Dinkelmehl, Backpulver und Kakao hinzugeben und gut vermengen. Ein Backblech mit Butter einfetten. Den Teig verstreichen und die Zwetschgen gefächert daraufsetzen. Backofen auf 160 °C Umluft vorheizen.

Für den Guss Eier, Honig, saure Sahne und Schokopuddingpulver glatt rühren und über den Kuchen geben. Anschließend im Backofen etwa 45 Minuten backen.

GEBÄCK

GEFÜLLTE HERZEN

ZUTATEN

(für etwa 35 Stück)

125 g Mehl
50 g gemahlene Pistazien
(oder abgezogene Mandeln)
50 g Puderzucker
100 g weiche Butter oder Margarine
Mehl zum Ausrollen
Fett für das Backblech oder Backpapier

5 EL Himbeer-Bananenmarmelade
(s. S. 115)
2 EL Puderzucker
2 EL Johannisbeergelee
etwas Zitronensaft
etwa 20 Pistazien

ZUBEREITUNG

Mehl, gemahlene Pistazien, Puderzucker und Butter zuerst kurz mit dem Handrührgerät, dann mit den Händen gut verkneten. Den Teig in Folie verpacken und etwa 2 Stunden kalt stellen. Den Teig portionsweise auf etwas Mehl etwa 2 mm dick ausrollen und kleine Herzen ausstechen. Backofen auf 200 °C vorheizen. Die Herzen auf das eingefettete oder mit Backpapier ausgelegte Backblech legen und 10 - 12 Minuten backen. Herausnehmen und abkühlen lassen. Johannisbeergelee glattrühren und jeweils 2 Herzen damit zusammensetzen. Für den Guss Puderzucker und Johannisbeergelee mit etwas Zitronensaft verrühren. Herzen damit bestreichen und mit einer halben Pistazie belegen. Gut trocknen lassen.

ORANGENSTÄBCHEN

ZUTATEN

(für etwa 45 Stück)

125 g weiche Butter oder Margarine
100 g Puderzucker
100 g Marzipanrohmasse
1 Ei
geriebene Schale einer Orange
150 g Mehl
100 g Speisestärke
Fett für das Backblech oder Backpapier

100 g Aprikosenmarmelade
100 g Kakaoglasur

ZUBEREITUNG

Butter, Puderzucker, zerbröckelte Marzipanmasse, Ei und die abgeriebene Orangenschale mit dem Handrührgerät vermengen. Mehl und Speisestärke unterrühren. Backofen auf 200 °C vorheizen.
Den Teig in einen Spritzbeutel mit Sterntülle füllen und etwa 5 cm lange Streifen auf die gefetteten Bleche spritzen. Etwa 8 - 10 Minuten backen und abkühlen lassen. Jeweils zwei Streifen mit glattgerührter Marmelade zusammensetzen. Zerbröckelte Schokoglasur in heißem Wasser schmelzen und die Orangenstäbchen mit einem Ende eintauchen und trocknen lassen.

MOHNKIPFERL MIT ZITRONENGLASUR

ZUTATEN

(für etwa 60 Stück)

300 g Mehl
200 g Butter
150 g Puderzucker
150 g gemahlener Mohn
1 Msp. Backpulver
50 g Sauerrahm

Für die Glasur
150 g Puderzucker
2 - 3 EL Zitronensaft

ZUBEREITUNG

Aus Mehl, Butter, Puderzucker, Mohn, Sauerrahm und Backpulver einen glatten Mürbteig kneten und diese zugedeckt eine Stunde kühl stellen. Backblech mit Backpapier auslegen und den Backofen auf 180 °C vorheizen.

Auf einer leicht bemehlten Arbeitsfläche aus dem Teig dünne Rollen formen und diese jeweils in etwa 7 cm lange Stücke schneiden. Aus den Teigstücken spitz zulaufende Röllchen drehen und zu Kipferl formen. Mit etwas Abstand auf das Backblech legen und etwa 12 Minuten backen. Abkühlen lassen.

Puderzucker sieben und mit so viel Zitronensaft verrühren, dass eine dickflüssige, glatte Glasur entsteht. Die obere Seite der Kipferl in die Glasur tauchen, die Unterseite mit einem Messer abstreifen und auf ein Stück Backpapier zum Trocknen legen.

KRAPFEN

ZUTATEN

200 g Butter
100 g Zucker
2 Eigelb
1 Vanilleschote
1 Prise Salz
300 g Mehl
80 g geriebene Haselnüsse
$\frac{1}{2}$ Tasse Puderzucker
150 g Zwetschgenmarmelade
(s. S. 114)

ZUBEREITUNG

Butter mit Zucker, Eigelben, Vanillemark und Salz auf einem Backbrett gut verkneten. Das Mehl darübersieben, die Haselnüsse dazugeben und alles zu einem glatten Mürbteig verarbeiten. Den Teig in Alufolie eingewickelt 2 Stunden im Kühlschrank ruhen lassen. Den Backofen auf 200 °C vorheizen.

Aus dem Teig eine lange Rolle formen, gleichmäßige Scheiben schneiden, diese zu Kugeln rollen und in jede Kugel mit einem Kochlöffelstiel eine kleine Vertiefung drücken. Die Krapfen auf ein mit Backpapier ausgelegtes Backblech legen und auf der mittleren Schiene 15 - 20 Minuten backen. Die Krapfen auf einem Kuchengitter erkalten lassen und mit Puderzucker bestäuben.

Marmelade erhitzen, glattrühren und die Mulde in jedem Krapfen damit füllen. Die Marmelade 1 - 2 Tage trocknen lassen, ehe die Krapfen in eine Dose geschichtet werden können.

MEINE LIEBLINGS-VORSPEISEN UND -SUPPEN

- Vitaler Rohkostsalat (S. 15) mit Mandeldressing (S. 14) und Puten-Ananas-Ingwerspieß (S. 28)

- Brot-Oliven-Tomatensalat (S. 18) mit gebackenem Büffelmozarella (S. 26) und Chili-Dip (S. 42)

- Karamellisierter Kräuter-Ziegenkäse (S. 19) auf vitalem Rohkostsalat (S. 15) mit Balsamicodressing (S.14) und Apfel-Ingwerchutney (S. 18)

- Kalte Tomatensuppe (S. 27) im alten Weckglas mit Forellentatar und Sauerrahmdip (S. 35)

- Alblinsensuppe mit Kräutercroutons (S. 32) und Ziegenkäse mit in Kräuter-Olivenöl gegartem Gemüse (S. 34)

- Sommergartensuppe (S. 29) mit Sahnehaube und Basilikum-Tomaten-Mozzarellaspieß (S. 28)

MEINE SÜSSEN UND SALZIGEN

- ■ Vanille-Biskuit (S. 107) mit . . . . Maronenmousse (S. 105) und
  Zwetschgen-Zimtragout (S. 98)
  . . . . Honigparfait (S. 101) und
  Marinierte Beeren (S. 104)
  . . . . Weißes Schokoladen-Minzemousse (S. 106)
  und Erdbeereis (S. 108)

- ■ Dampfnudeln (S. 95) mit . . . . . . Vanillesauce (S. 95) und
  Rumbeeren (S. 108)

- ■ Bauernbrot (S. 111) mit . . . . Frischkäse-Chorizocreme oder
  Cashewkern-Honig-Mandelcreme (S. 98)
  . . . . Grünkern- oder
  Curry-Apfel-Aufstrich (S. 86)
  . . . . Zwetschgen-, Erdbeermarmelade oder
  Quitten-Wacholdergelee (S. 114 / 115)

- ■ Milchreis (S. 93) mit . . . . Marinierte Beeren (S. 104)
  . . . . Zwetschgen-Zimtragout (S. 98)
  . . . . Sauerkirsch-Lavendel-Estragon (S. 106)

- ■ Erdbeereis (S. 108) mit . . . . Eierlikör (S. 117) und
  Apfel-Zitronen-Kompott (S. 92)

- ■ Pfannenkuchen (S. 99) mit . . . . Himbeeren-Bananenmarmelade (S. 115)
  . . . . Brombeer-Ahorn-Kompott (S. 92)
  . . . . Tomatenaufstrich (S. 86)

- ■ Crème Brûlée (S. 97) mit . . . . . . Pfirsich-Ananassalbei-Kompott (S. 92)
  . . . . Aprikose-Lavendel (S. 104)

	GEMÜSE	BEILAGEN	SAUCEN / DIPS CHUTNEYS / AUFSTRICHE
FILET VOM RIND IM STALLHEU	■ Bohnen-Paprikagemüse (S. 38) ■ Rote Zwiebelmarmelade (S. 38) ■ Curry-Fenchel (S. 38)	■ Kartoffel-Specktaler (S. 56) ■ Safran-Gemüserisotto (S. 70) ■ Olivengnocchi (S. 68)	■ Schalottenjus (S. 78) ■ Rosmarin-Dip (S. 42) ■ Tomatenaufstrich (S. 86)
MIT HIRSE GEFÜLLTE ZUCCHINI	■ Karotten-Ingwerpüree (S. 76) ■ Tomaten-Mozzarella-Basilikumspieß (S. 28) ■ Frühlingslauch-Kräutersud (S. 58)	■ Kartoffel-Gemüsesud (S. 50) ■ Safran-Gemüserisotto (S. 70) ■ Räuchertofu-Birnen-Ananasspieß (S. 28)	■ Paprika-Kressesauce (S. 46) ■ Linsen-Kartoffelsauce (S. 46) ■ Dinkel-Tomatenbolognese (S. 46)
MAULTASCHEN GESCHMÄLZT	■ Pilze à la Crème (S. 58) ■ Gegril tes Sommergemüse (S. 54) ■ Tomaten-Mozzarella-Basilikumspieß (S. 28)	■ Josefines Kartoffelsalat (S. 21) ■ Gurken-Dill-Kartoffelsalat (S. 60) ■ Bauernsalat (S. 48)	■ Kräuterjus (S. 78) ■ Kräuterbutter (S. 87) ■ Bolognese (S. 54)
FLEISCHKÜCHLE	■ Kohlrabi à la Crème (S. 60) ■ Schinken-Rahmwirsing (S. 50) ■ Pilze à la Crème (S. 58)	■ Kartoffel-Tomatenragout (S. 58) ■ Gurken-Dill-Kartoffelsalat (S. 60) ■ Kartoffelsalat mit Lyoner (S. 20)	■ Chili-Dip (S. 42) ■ Champignon-Schinkensauce (S. 60) ■ Paprika-Kressesauce (S. 46)
FORELLE MÜLLERIN	■ Brokkoli-Auflauf (S. 76) ■ Bohnen-Paprikagemüse (S. 38) ■ Erbsen-Salbei-Püree (S. 84)	■ Rosmarin-Krusteln (S. 56) ■ Safran-Gemüserisotto (S. 70) ■ Gurken-Dill-Kartoffelsalat (S. 60)	■ Wacholder-Dip (S. 42) ■ Balsamicojus (S. 78) ■ Kräutersauce (S. 54)
REHRAGOUT	■ Rosenkohl (S. 82) ■ Blaukrautgemüse (S. 82) ■ Pastinakenpüree (S. 50)	■ Papardelle (S. 55) ■ Brezelknödel (S. 59) ■ Maronen-Toastbrotschnitte (S. 70)	■ Preiselbeer-Mirabellen-Chutney (S. 64) ■ Schalottenjus (S. 78) ■ Wacholder-Dip (S. 42)
SCHWEINEFILET KRÄUTERMANTEL	■ Pilze à la Crème (S. 58) ■ Karotten-Ingwerpüree (S. 76) ■ Brokkoli-Auflauf (S. 76)	■ Olivengnocchi (S. 68) ■ Kräuter-Knödelscheiben (S. 84) ■ Haselnussspätzle (S. 56)	■ Linsen-Kartoffelsauce (S. 46) ■ Kräuterjus (S. 78) ■ Grünkernaufstrich (S. 86)
GEBRATENE ENTENBRUST	■ Blaukrautgemüse (S. 82) ■ Rosenkohl (S. 82) ■ Erbsen-Salbei-Püree (S. 84)	■ Olivengnocchi (S. 68) ■ Maronen-Toastbrotschnitte (S. 70) ■ Sesam-Schupfnudeln (S. 84)	■ Schalottenjus (S. 78) ■ Rosmarin-Dip (S. 42) ■ Curry-Apfel Aufstrich (S. 86)
STEAK VOM RINDERRÜCKEN	■ Erbsen-Salbei-Püree (S. 84) ■ Weißkraut-Kümmelsalat (S. 48) ■ Curry-Fenchel (S. 38)	■ Kräuter-Knödelscheiben (S. 84) ■ Sesam-Schupfnudeln (S. 84) ■ Kartoffel-Specktaler (S. 56)	■ Rosmarin-Dip (S. 42) ■ Balsamicojus (S. 78) ■ Kräuterbutter (S. 87)

	GEMÜSE	BEILAGEN	SAUCEN / DIPS CHUTNEYS / AUFSTRICHE
HOKKAIDO-KÜRBIS-QUICHE	■ Gegrilltes Sommergemüse (S. 54) ■ Pastinakenpüree (S. 50) ■ Karotten-Ingwerpüree (S. 76)	■ Kartoffelsalat mit Pfifferlingen (S. 20) ■ Kartoffel-Tomatenragout (S. 58) ■ Puten-Ananas-Ingwer-Spieß (S. 28)	■ Lauch-Quark (S. 24) ■ Gewürz-Quark (S. 24) ■ Apfel-Quark (S. 24)
RÜCKEN VOM LANDSCHWEIN	■ Pilze à la Crème (S. 58) ■ Bohnen-Paprikagemüse (S. 38) ■ Gegrilltes Sommergemüse (S. 54)	■ Kartoffel-Specktaler (S. 56) ■ Rosmarin-Krusteln (S. 56) ■ Haselnussspätzle (S. 56)	■ Balsamicojus (S. 78) ■ Kräuterjus (S. 78) ■ Schalottenjus (S. 78)
REHRÜCKEN IN AROMATEN	■ Rosenkohl (S. 82) ■ Blaukrautgemüse (S. 82) ■ Curry-Fenchel (S. 38)	■ Maronen-Toastbrotschnitte (S. 70) ■ Safran-Gemüserisotto (S. 70) ■ Lebkuchenpolenta (S. 71)	■ Preiselbeeren-Mirabellen-Chutney (S. 64) ■ Schalottenjus (S. 78) ■ Wacholder-Dip (S. 42)
SPANFERKEL	■ Weißkraut-Kümmelsalat (S. 48) ■ Bauernsalat (S. 48) ■ Ananas-Kraut (S. 48)	■ Brezelknödel (S. 59) ■ Olivengnocchi (S. 68) ■ Sesam-Schupfnudeln (S. 84)	■ Chili-Dip (S. 42) ■ Paprika-Kressesauce (S. 46) ■ Schalottenjus (S. 78)
LAMMRÜCKEN BROTMANTEL	■ Gegrilltes Sommergemüse (S. 54) ■ Rote Zwiebelmarmelade (S. 38) ■ Pastinakenpüree (S. 50)	■ Safran-Gemüserisotto (S. 70) ■ Olivengnocchi (S. 68) ■ Rosmarin-Krusteln (S. 56)	■ Rosmarin-Dip (S. 42) ■ Wacholder-Dip (S. 42) ■ Chili-Dip (S. 42)
MARTINSGANS	■ Bratäpfel (S. 82) ■ Blaukrautgemüse (S. 82) ■ Rosenkohl (S. 82)	■ Brezelknödel (S. 59) ■ Maronen-Toastbrotschnitte (S. 70) ■ Lebkuchenpolenta (S. 71)	■ Kräuterjus (S. 78) ■ Schalottenjus (S. 78) ■ Preiselbeeren-Mirabellen-Chutney (S. 64)
TAFELSPITZ VOM RIND	■ Kohlrabi à la Crème (S. 60) ■ Pastinakenpüree (S. 50) ■ Schinken-Rahmwirsing (S. 50)	■ Kartoffel-Gemüsesud (S. 50) ■ Kartoffel-Specktaler (S. 56) ■ Kräuter-Knödelscheiben (S. 84)	■ Paprika-Kressesauce (S. 46) ■ Champignon-Schinkensauce (S. 60) ■ Kräutersauce (S. 54)
GESCHMORTE LAMMKEULE	■ Bohnen-Paprikagemüse (S. 38) ■ Gegrilltes Sommergemüse (S. 54) ■ Weißkraut-Kümmelsalat (S. 48)	■ Steinpilz-Ravioli (S. 68) ■ Pappardelle (S. 55) ■ Olivengnocchi (S. 68)	■ Schalottenjus (S. 78) ■ Wacholder-Dip (S. 42) ■ Rosmarin-Dip (S. 42)
BRATEN VOM WILD	■ Champignon-Ofenschlupfer (S. 64) ■ Rosenkohl (S. 82) ■ Rote Zwiebelmarmelade (S. 38)	■ Brezelknödel (S. 59) ■ Lebkuchenpolenta (S. 71) ■ Maronen-Toastbrotschnitte (S. 70)	■ Preiselbeeren-Mirabellen-Chutney (S. 64) ■ Balsamicojus (S. 78) ■ Schalottenjus (S. 78)

DANKE

So, zum Schluss bin ich jetzt nochmal dran. Aber es ist eigentlich schon komisch, warum man immer erst am Schluss dankt. Ob in der Oper, im Musical oder im Restaurant, das Dankeschön kommt erst am Ende. Eigentlich müsste man doch mit dem Danke beginnen, oder?

Jeder von Ihnen kennt den Satz „Ein Chef ist nur so gut wie sein Team" - da ist wirklich etwas dran, ich spreche aus eigener Erfahrung. Aber bevor wir zum Chef kommen, fangen wir lieber an den Wurzeln an. Die Wurzeln, das sind die Menschen, die ich liebe und die mich beflügeln, meine Visionen zu leben. Meine Familie! Es gibt für einen Menschen wie mich nichts Wichtigeres als die Familie: Sie gibt mir Rückhalt und unterstützt mich, wo es nur geht. Danke Mama. Dass Du uns, egal was wir machen, so wunderbar unterstützt. Danke Papa. Du hast uns Jungs auf den richtigen Weg gebracht - in uns leben dein Weg und deine Vision weiter. Du fehlst uns sehr. Danke Oma Josefine, Oma Elisabeth und Opa Albert - ich bin dem lieben Gott sehr dankbar für so tolle Großeltern. Ich bin stolz auf euch und auf das, was ihr in diesem hohen Alter noch jeden Tag leistet. Danke Daniel, Christian und Dominik. Ich bin sehr dankbar, dass ich solche Brüder habe, ihr gebt mir die Kraft und den Ansporn für unsere gemeinsamen Pläne, und den Rückhalt, wenn es mir mal nicht gut geht. Ich freue mich auf unsere weiteren gemeinsamen Wege. Danke Stefanie. Ich kann mir keine bessere Schwägerin vorstellen. Ich bewundere dich, wie toll du eure Kinder Johanna, Julius und Jonathan aufziehst. Danke Lena. Du gibst mir den Rückhalt und unterstützt mich bei allem, was ich mache, obwohl es nicht immer so einfach mit mir ist. Ich liebe Dich, mein Schatz. Danke Manu. Du bist nicht nur eine gute Managerin, sondern hast auch immer das Gespür fürs Richtige.

Nun sind wir beim Satz „Ein Chef ist nur so gut wie sein Team". Danke Frank. Ich bin sehr dankbar, dass ich so einen guten Küchenchef habe, der mir so oft es geht den Rücken freihält, damit ich an meinen Projekten arbeiten und meine freien Tage zum Kraft tanken genießen kann. Danke Benni. Du bist jung, dynamisch und wirst für mich auch immer mehr zum Rückhalt in unserer Rose-Küche, mach so weiter! Danke Elsa, Helga, Katharina, Vroni, was ihr jeden Tag leistet, indem ihr uns Köchen zuarbeitet, verdient höchsten Respekt. Danke Erwin. Es macht mir immer wieder Spaß, morgens mit dir die Lämmer zu zerlegen. Danke Katrin, Rosi, Conny und allen unseren Mädels, die für einen schönen und guten Service in unserem Restaurant sorgen. Danke Helmut. Es ist schön, wie du mit deinen Kreationen unsere Rose Biomanufaktur mit-

prägst. Du bist ein wichtiger Rückhalt für mich. Danke Sandra, Elisabeth, Elke, Uschi und den vielen fleißigen Händen in unserer Rose Biomanufaktur. Dank euch hat die ganze Republik etwas von unseren tollen Produkten. Danke Josefine, Elke und allen Damen, die jedes Wochenende auf Schloss Ehrenfels und in der Wimsener Mühle unseren Gästen einen perfekten Service garantieren. Danke den Mädels im Biohotel. Ihr sorgt für den Wohlfühlfaktor unserer Hotelgäste. Danke an das komplette Wimsen-Team. Was ihr jede Saison leistet, zollt höchsten Respekt. Ob in der Küche, im Restaurant oder in der Höhle, ihr seid einfach Spitze! Die Tress Gastronomie beschäftigt über 90 Personen, bei denen ich mich allen bedanken möchte. Ihr seid wahre Persönlichkeiten, die jeden Tag alles für das Unternehmen geben. Vielen herzlichen Dank! Danke Hansi. Du bist nicht nur ein super Hobbykoch, sondern für mich eine wichtige Unterstützung - ob Kocheinsätze in Balingen, Berlin oder für dieses wunderbare Buch. Du hast sehr viel Freizeit für dieses Projekt investiert, und ich konnte und kann mich immer auf dich verlassen.

Nun kommen wir zu dem, was Sie gerade in Händen halten. Die im Folgenden genannten, tollen Leute haben sehr viel dazu beigetragen, dass dieses Kochbuch nun vorliegt. Danke Achim und Anette. Für deine tollen Bilder und den tollen Einsatz von dir Anette. Danke Tammy und Esther, dass ihr meine Rezepte ins Reine gebracht habt. Vielen Dank an Herrn Baron Freiherr von Saint André und an Frau Kalinna, dass wir an zwei tollen Tagen auf Schloss Ehrenfels unsere Gerichte fotografieren durften. Danke Familie Käshammer für das viele Geschirr, das ihr uns zur Verfügung gestellt habt. Vielen herzlichen Dank Frau Weiler und Frau Mehmedbegović. Dieses Buch, so wie es ist, ist Ihr Verdienst - tausend Dank, das haben Sie wirklich fantastisch gemacht. Danke! Zum Schluss möchte ich mich ganz herzlich bei der Verlegerfamilie Lehari bedanken. Vielen Dank, dass ich meine kulinarischen Gedanken das zweite Mal in Ihrem Verlagshaus publizieren durfte.

So, das war´s, ich hoffe, ich habe niemanden vergessen.
Und wenn, bitte nicht böse sein, war keine Absicht.

Simon Tress, im August 2012.

P.S.: Falls ich mal wieder ein Buch machen sollte, kommt das Danke nach vorn.

129

LIEBER SIMON,
immer wieder bin ich begeistert, wie Du ehrgeizig und professionell -
und immer mit guter Laune - Deine Ziele verfolgst und Deine Gäste
bzw. Dein Publikum mit Deinem Können, Deinem Wissen und Deiner
charmanten Art begeisterst.
Es freut mich, dass auch Du einer der Baden-Württemberger bist,
die im Ländle etwas bewegen.

Dein HANSY VOGT
(TV-Moderator und Entertainer)

LIEBE LESERINNEN UND LESER,
als blinde Spitzensportlerin ist für mich gesunde Ernährung wichtig.
Auf der Langlaufloipe bin ich ein Profi, in der Küche eher nicht. Als ich
2011 Simon Tress in einer Kochshow als Assistentin begleiten durfte,
da war für mich klar, dass ich mich schön im Hintergrund halten würde,
wenn es um die Feinheiten ging. Nix da, Simon hat mich herausgefor-
dert, und ich nehme jeden Wettkampf an. Er hat mir alles erklärt, ich
musste die Arbeit jedoch selbst machen. So hat er mir gezeigt, dass
gute Gerichte schnell und einfach gelingen können. Im Kochduell würde
ich Simon natürlich nicht schlagen, aber mit seinem Buch hat er mir den
perfekten Trainingsplan für den eigenen Speiseplan geschrieben.
Danke Simon für die erste Trainingseinheit und die vielen Leckereien,
die mich und andere erfreuen werden.

VERENA BENTELE
Ehemalige Skilangläuferin und
Vierfache Welt-und Zwölffache Paralympics Siegerin

HALLO SIMON,
Ich gehörte auch zu den „ich-vermute-das-geht-so" Hobbyköchen. Bis
wir uns freundschaftlich kennenlernten. Seither steht dein erstes Kochbuch dauerhaft und sichtbar bei mir in der Küche. Ich bin leidenschaft-
licher Hobbykoch und freue mich auf dein zweites Buch. Dem mögen
noch viele folgen, denn du belegst eine sehr wichtige und zukunfts-
trächtige Sparte in der Kochszene.

Herzlichst
PETER SCHILLING

HEY SIMON,

ich denke grade mit einem Lachen zurück, unter welchen Umständen wir uns vor ein paar Jahren kennengelernt haben: Ich moderierte noch die DASDING-Morningshow und Du wurdest mir als junger Spitzenkoch für ein Interview zum Thema „Erotische Küche / Wie koche ich mir jemand in die Kiste" empfohlen. Und obwohl wir das Interview nur per Telefon aufzeichnen konnten, sprang damals schon der Funke zwischen mir, dem ambitionierten Hobbykoch und Dir, dem Chef, über.
Den Typen und vor allem seine Küche musste ich kennenlernen … gute Entscheidung!
Das Ganze ist jetzt schon mehrere Jahre her, ich bin mittlerweile mindestens ein genauso großer Fan Deiner Küche, wie auch von Dir als Mensch und hoffe, dass wir trotz unserer ziemlich straffen Terminkalender auch weiterhin Zeit für unsere Freundschaft haben.

Dein Fan,
FRED PETERS
(Radio- und TV-Moderator; Hobbykoch, Bayern-Fan)

LIEBE LESERINNEN UND LESER,
LIEBER SIMON,

ja, es gibt viele Köche und ja, es gibt auch viele Kochbücher. Aber wer schreibt sie und warum? Simon brennt fürs Kochen, er liebt zu kreieren, auszuprobieren, zu verwerfen, neu zu starten und etwas Wunderbares zu zaubern. Er ist uneitel, wie schön, aber er weiß, dass er was kann, wie wahr! Es war und ist eine Bereicherung für mich, ihn als Mensch und als Koch kennengelernt zu haben. Und das Kochbuch ist sicher eine Bereicherung für jeden, der gutes Essen liebt!
Ich wünsche mir, dass noch viele Bücher von Dir erscheinen!

Deine
MARION KRACHT
Schauspielerin

TRESS
GASTRONOMIE

HEIMAT

ERHOLEN

KOCHEN & GENIESSEN

EIN ÖKOLOGISCH KORREKTES ZUSAMMENSPIEL

BRAUGERSTE TRIFFT ALB-LEISA

Um den „Schäfleshimmel" mit herrlich weißen kleinen Wolken am blauen Himmel in Ruhe genießen zu können, braucht man etwas Zeit und Muse. Zeit ist auch eine kostbare Zutat beim handwerklichen Bierbrauen nach traditioneller Art, so wie sie in der Ehinger Berg Brauerei gepflegt wird. Die Berg Brauerei ist als kleine Brauerei bekannt für feine Bierspezialitäten und dafür, dass die Rohstoffe ausschließlich von Landwirten in der Region bezogen werden. Ein besonderes, ökologisch wertvolles Zusammenspiel, bietet der gemeinsame Anbau von Braugerste und Linsen, den „Alb-Leisa" auf Bio-Feldern rund um Ehingen.

Der blaue Himmel mit kleinen Wolken stand der Berg Brauerei Pate bei der Namensgebung des „Schäfleshimmel", einem naturbelassenen, unfiltrierten Bier, gebraut mit ökologischen Zutaten. Die Alblinse erfährt seit einigen Jahren eine wahre Renaissance. Sie braucht als Kletterpflanze Gerste oder Hafer als Stützfrucht, um Wind und Regen standzuhalten. So wie sich die Alblinsen als feine Spezialität von der breiten Masse an Hülsenfrüchten unterscheiden, so braut man in der Berg

Brauerei keine großen Mengen, sondern kleine feine Bierspezialitäten. Als eine solche gilt auch das 3- Korn Hefeweizen. Gebraut mit Rohstoffen der Gerste aus ökologischem Alb-Leisa-Anbau, Öko-Weizen und -Dinkel als dritte Kornart. Eine Besonderheit ist dabei die offene Obergärung des Hefeweizens, die viel Zeit braucht und echte Handwerkskunst des traditionellen Brauens erfordert. Genuss und nachhaltiges Wirtschaften sind dabei kein Widerspruch. Denken und Handeln im Sinne einer ökologischen, nachhaltigen Entwicklung sind für Uli Zimmermann ein wichtiger Grundsatz. Der Bierbrauer und Diplom-Braumeister in der 9. Generation der Zimmermanns in Berg, hat dies in zehn Grundsätzen für eine besondere Betriebsführung und Brauweise zusammengefasst. Bei einem „Schäfleshimmel" im Glas und einem Teller „Alb-Leisa" mit Spätzle auf dem Tisch vereinen sich die Rohstoffe des ökologisch korrekten Duos aus Braugerste und Hülsenfrüchten auf eine sinnliche und wohlschmeckende Art.

Infos über die Brauerei und Berg Bier-Spezialitäten unter www.bergbier.de

www.bergbier.de

MARKENZEICHEN FÜR BIODYNAMISCHE QUALITÄT

Demeter steht für Produkte der Biologisch-Dynamischen Wirtschaftsweise. Diese älteste ökologische Form der Landbewirtschaftung geht auf Impulse von Rudolf Steiner zurück, der Anfang des 20. Jahrhunderts auch Waldorfpädagogik und anthroposophische Heilweise initiierte.

Den Pionieren in Sachen Bio ist es gelungen, Demeter als moderne und zukunftsfähige Anbauweise immer weiter zu entwickeln. So gilt biodynamisch inzwischen als die nachhaltigste Form der Landbewirtschaftung. Sie sorgt dafür, dass die Humusschicht kontinuierlich wächst. Das beweisen unabhängige Forschungsarbeiten, die über mehr als 20 Jahre die Unterschiede zwischen konventioneller, biologisch-organischer und biologisch-dynamischer Kultur untersucht haben. Das ist gerade angesichts der Klimaveränderung wesentlich, weil im Humus große Mengen Kohlendioxid gebunden werden, was dem Treibhauseffekt entgegenwirkt.

Durch selbst hergestellte, feinstofflich wirkende Präparate aus Mist, Heilpflanzen und Mineralien wird die Bodenfruchtbarkeit in der biologischdynamischen Landwirtschaft nachhaltig gefördert und das charakteristische Aroma der Lebensmittel voll entwickelt. Vom Antipasti über die Babynahrung, vom Wein bis zum Zwieback, von der Demeter-Baumwolle bis zu Kosmetika spannt sich der Sortimentsbogen.

Mit einer beispiellosen Co-Marken-Strategie garantiert Demeter dem Verbraucher die biologisch-dynamische Qualität, während der Hersteller mit seinem Namen für die sorgfältige Verarbeitung bürgt.

In Deutschland wirtschaften rund 1400 Landwirte mit über 66 000 Hektar Fläche biologisch-dynamisch. Zum Demeter e. V. gehören zudem etwa 330 Demeter-Hersteller und -Verarbeiter sowie Vertragspartner aus dem Naturkost- und Reformwaren-Großhandel. Mehr als 500 DemeterAktiv-Partner-Läden (DAP) in Deutschland engagieren sich besonders für biodynamische Qualität.

Als internationale Bio-Marke ist Demeter auf allen Kontinenten vertreten. Von Argentinien bis Ungarn wird in rund 50 Ländern von etwa 4500 Bauern mit rund 142 000 Hektar Fläche nach den konsequenten DemeterRichtlinien anerkannt biologisch-dynamisch gewirtschaftet. Der weltweite Umsatz mit Demeter-Produkten wird auf rund 220 Millionen Euro geschätzt.